营销策划

吴 赢 主编

中国财经出版传媒集团
经济科学出版社
Economic Science Press

图书在版编目（CIP）数据

营销策划/吴赢主编．—北京：经济科学出版社，2022.1
 ISBN 978-7-5218-2953-2

Ⅰ.①营⋯ Ⅱ.①吴⋯ Ⅲ.①营销策划-高等学校-教材 Ⅳ.①F713.50

中国版本图书馆 CIP 数据核字（2021）第 206058 号

责任编辑：周国强
责任校对：王苗苗
责任印制：张佳裕

营 销 策 划

吴　赢　主编

经济科学出版社出版、发行　新华书店经销
社址：北京市海淀区阜成路甲 28 号　邮编：100142
总编部电话：010-88191217　发行部电话：010-88191522
网址：www.esp.com.cn
电子邮箱：esp@esp.com.cn
天猫网店：经济科学出版社旗舰店
网址：http://jjkxcbs.tmall.com
北京季蜂印刷有限公司印装
787×1092　16 开　11.75 印张　270000 字
2022 年 1 月第 1 版　2022 年 1 月第 1 次印刷
ISBN 978-7-5218-2953-2　定价：58.00 元
（图书出现印装问题，本社负责调换。电话：010-88191510）
（版权所有　侵权必究　打击盗版　举报热线：010-88191661
QQ：2242791300　营销中心电话：010-88191537
电子邮箱：dbts@esp.com.cn）

前言

营销策划是现代企业经营管理的主要内容，对企业经营与发展起着巨大的作用。在瞬息万变的经济环境与"互联网+"的时代背景下，企业如何能够在激烈的竞争中脱颖而出，营销策划在其中发挥着举足轻重的作用。企业对营销策划人才的需求与日俱增与优质的营销策划人才匮乏也形成了鲜明的对比。因此，高校经济管理类相关专业教研研究的重要课题之一便是如何培养既能够具备扎实的营销策划理论基础，又能够具备分析与解决问题能力的本科人才。本书通过系统地介绍营销策划的经典理论与方法，同时引入新媒体营销环境下的营销前沿案例和最新研究成果，拟为经济管理类及相关专业的本科生提供一本较为专业化、应用型较强的营销策划教材。

本书的写作思路与主要特色主要有几个方面：首先，根据新的营销环境引用新案例，尤其在"互联网+"的时代下，传播媒介的新变化，市场上出现了很多新媒体营销、网络营销以及新零售的案例；其次，全书体系较为完整，从理论基础到专业体系都比较适合经济管理类相关专业学习；最后，每章节都设置学习目标与思考题，同时章节中的扩展阅读可以让学生更深刻地理解章节的理论内容，适合老师们做翻转课堂使用。本书一共分为九个章节，由编写团队协力完成。其中吴赢负责第一章、第三章的编写，石蔚负责第二章、第五章的编写，蒋依娴负责第四章的编写，王庆负责第六章的编写，王衍宇负责第七章的编写，谢莉莉负责第八章的编写，黄晓负责第九章的编写。在本书的编写过程中，团队参阅了国内外同行的大量教材、专著、期刊以及网络资源，在扩展阅读与参考文献尽可能逐一列出，在此对有关人士致以诚挚的谢意。本教材的编写得到了阳光学院及阳光学院商学院的大力支持，并获得了阳光学院应用型教材（第三批）建设项目及2016年商学院智慧商务专业群的经费支持，在此表示由衷的感谢。由于时间、水平有限，书中难免存在疏漏和不足之处，我们将虚心听取专家和读者的意见和建议，以利于在修订时进一步提高和完善。

编　者
2021年6月

目录

第一章 营销策划概论 ·· 1
 学习目标 ·· 1
 第一节 策划与营销策划 ·· 1
 第二节 营销策划的特征与原则 ···································· 6
 第三节 营销策划的意义 ·· 9
 第四节 营销策划的发展 ··· 10
 本章小结 ··· 15
 思考题 ··· 15

第二章 营销策划基本理论 ·· 16
 学习目标 ··· 16
 第一节 整合营销传播 ··· 16
 第二节 关系营销 ··· 21
 第三节 网络营销 ··· 24
 本章小结 ··· 33
 思考题 ··· 33

第三章 营销策划的创意 ·· 34
 学习目标 ··· 34
 第一节 营销策划的创意概述 ····································· 34
 第二节 营销策划的创意方法 ····································· 36
 第三节 营销策划的创意过程 ····································· 41
 第四节 营销策划创意培养与开发 ································· 44
 本章小结 ··· 46
 思考题 ··· 46

第四章 市场调研 ·· 47
 学习目标 ··· 47

第一节　市场调研概述 …… 47
第二节　市场调研流程 …… 50
本章小结 …… 73
思考题 …… 73

第五章　营销策划中的定位 …… 74

学习目标 …… 74
第一节　市场细分及目标市场选择 …… 74
第二节　市场定位 …… 77
本章小结 …… 85
思考题 …… 86

第六章　产品策略 …… 87

学习目标 …… 87
第一节　产品设计与开发策略 …… 87
第二节　产品品牌策略 …… 92
第三节　产品包装策略 …… 98
本章小结 …… 101
思考题 …… 102

第七章　价格策略 …… 103

学习目标 …… 103
第一节　价格策略的步骤 …… 105
第二节　定价基础与定价技巧 …… 107
第三节　价格调整策略 …… 114
本章小结 …… 117
思考题 …… 117

第八章　分销渠道策略 …… 118

学习目标 …… 118
第一节　分销渠道的概念和功能 …… 118
第二节　分销渠道的常见模式 …… 120
第三节　分销渠道设计的基本步骤 …… 127
第四节　渠道策略的影响因素 …… 133

本章小结 …………………………………………………………… 138
　　思考题 ……………………………………………………………… 138

第九章　促销策略 ……………………………………………………… 139
　　学习目标 …………………………………………………………… 139
　　第一节　促销策略概述 …………………………………………… 139
　　第二节　广告策略 ………………………………………………… 144
　　第三节　人员推销策略 …………………………………………… 154
　　第四节　公共关系策略 …………………………………………… 163
　　第五节　营业推广策略 …………………………………………… 170
　　本章小结 …………………………………………………………… 175
　　思考题 ……………………………………………………………… 176

参考文献 ………………………………………………………………… 177

第一章
营销策划概论

【学习目标】

- 掌握策划与计划的区别
- 熟悉营销策划的含义
- 了解营销策划的特点与原则
- 了解营销策划的意义

市场营销可以说是一场没有硝烟的战争,战争的胜利大部分是依靠创意的思维和严谨的分析取得。创意的思维与严谨的思维是企业进行营销策划必不可少的两大要素。营销策划是企业营销活动中不可或缺的重要环节。在实践中,人们常常会看到好的营销策划可以使企业的营销活动事半功倍。营销策划就像一味良药,可以使濒临破产的企业起死回生;营销策划又像是一根魔法棒,它指向哪里,哪里就有无限商机。

营销策划具有无限的实践魅力。但是,营销策划到底是什么?它具备怎样的特征?在企业经营中发挥怎样的作用?为了解决这一系列的问题,本章将从策划与营销策划最基本的含义入手,逐一解开营销策划的特点、作用、发展以及它的理论基础这些神秘的面纱。

第一节 策划与营销策划

一、策划的含义

策划一词,在日常生活中使用频率很高,如策划一次春游、策划一台晚会、策划职业、策划人生等。人们常常会说:"要通过策划来实现自己的远大理想。"那么,到底什么是策划呢?

"策划"一词并非现代的概念,在我国古代就已经有了策划思想与行为。《说文解字》对"策"字解释为"赶马的鞭子",后来引申为策动、策应、策论、策士。《孙子兵法·虚实篇》中提到"策之而知得失之计"。策者,筹也,筹划、策划、计策。策划,谋略之术。《礼记·中庸》中说:"凡事豫则立,不豫则废。"这里的"豫(预)"

就是要我们做决策时充分考虑每一种情况的可能性,然后再做出决策。做任何事情,事先谋虑、有准备就会成功,否则就要失败。这些都蕴含着我国古人朴素的策划思想,给我们认识策划提供了很好的启示。可以这么说:我国古代丰富的策划实践和策划思想,为人类的策划宝库增添了宝贵的内容。

 扩展阅读

田忌赛马

  齐国使者来到梁国,孙膑以刑徒的身份秘密拜见,劝说齐国使者。齐国使者觉得孙膑是一个奇才,就偷偷地把他带回齐国。孙膑来到齐国,齐国大将军田忌非常赏识他,以上宾待他。田忌经常与齐国众公子赛马,赌注很大。孙膑发现田忌与众公子的马的脚力都差不多,马分为上、中、下三等,于是对田忌说:"将军只管下大赌注,我定能帮将军获胜。"田忌十分相信孙膑,并与齐王和各位公子以千金来作赌注。比赛即将开始,孙膑说:"现在用您的下等马与他们的上等马比赛,用您的上等马与他们的中等马比赛,用您的中等马与他们的下等马比赛。"三场比赛结束,田忌一场败而两场胜,最终赢得齐王的千金赌注。因此田忌把孙膑推荐给齐威王。齐威王向他请教了兵法,封他为军师。

资料来源:根据《史记卷六十五·孙子吴起列传第五》翻译整理。

  在现代,策划的动词性含义增强,其核心要素主要有信息、创意、点子、谋略和目标等。那么到底什么是策划,现在是仁者见仁,智者见智。比较常见的定义有以下几种:(1)策划就是事前来决定、计划做何事以及如何做。(2)策划是管理者从各种方案中,选择目标、政策程序及事业计划的机能。(3)策划是一种程序,在本质上是一种运用脑力的理性行为。策划是针对未来要发生的事情做当前的决策,预先决定做什么、何时做、谁来做、怎么做。(4)策划是通过实践活动获取最佳成果的智慧或智慧创造的行为。

  本书在借鉴前人研究成果的基础上,认为策划是指个人或组织为实现某种预期的目标,利用科学的方法和创造性思维,在市场环境调查与分析的基础上,对未来即将发生的事情,进行系统、科学的预测,整合优化现有资源,进行全面、细致的构思谋划,从而制定详细、可操作性强的,并在执行中可以进行完善的方案的过程。

  从以上策划的定义中可以看出,策划具有以下几个特征:(1)策划具有明确的目标。策划是为了解决实际问题,无论什么样的策划方案,都有一定目的,这是策划的动力和前进的方向。(2)策划必须要有创意。策划是人的智慧和经验总结,同时也是一种思维的革新,策划与创意紧密相连,具有创意的策划才是具有生命力的策划,创意是策划的灵魂。(3)策划具有一定的前瞻性。策划是对未来的事做出当前的决策。所以策划者必须在认真调查的基础上,有超前的眼光,对可能产生的效果有充分的考量,对策划方案实施过程中可能遇到的各种问题,要有足够的准备,并制定出具体的应对策略。(4) 策划具有科学性。策划活动遵循一定的规律，它并不是人们的突然想法，而是站在科学的基础上所进行的创造性的思维活动。(5) 策划必须具有可操作性。策划不是天马行空，不是夸夸其谈。策划所提出的具体方案应当在现有人力、物力、财力和技术条件下有实现的可能性。我们必须对策划的每一个细节都要进行周密安排。否则再有创意的策划，也是没有意义和价值的。

二、策划与计划的联系与区别

在现实生活中，人们往往将策划与计划混为一谈，其实它们之间既有联系，又有区别。

（一）策划与计划的联系

策划确定的活动框架和内容目标决定计划如何形成，计划是策划的最终结果。策划不仅提供了计划制定和实施所应围绕的中心即目标，还提供了目标实现的最优方案，这些都应是计划制定时所必须加以考虑的。计划是策划中的具体实施细则，也是策划实施的重要保证。计划是策划和实施之间的桥梁，任何策划都必须通过计划来实施。策划和计划都面向未来、指导未来，都强调前导性和科学性。

（二）策划与计划的区别

策划的中心是为特定活动的特定目标实现进行策略谋划，包括分析情况、发现问题、确定目标、策略运用、构思设计和优化方案，最后形成具体工作计划以及反馈控制等一整套活动过程。

计划只是策划的最终结果，是在目标、条件、战略和任务等都已明确化的情况下，为即将进行的某项活动提供可具体操作的指导性方案。

策划从整体看是一种具有超前性、挑战性、创新性的创造性思维活动；计划通常表现为在任务确定后对日常的工作流程进行制定，一般不具备创新的性质。

三、营销策划的含义

通过对策划的定义与理解，我们认为所谓营销策划，是指市场营销策划的主体，通过对市场进行认真分析，对将要发生的营销行为进行超前规划和设计，以提供一套系统的有关企业营销的未来方案。这套方案是围绕企业实现某一营销目标或解决某一问题的行动措施。营销策划是现代企业经营管理的重要内容，在市场竞争日益激烈的今天，是企业获得竞争优势的重要途径。

要准确地理解营销策划的定义，首先要掌握营销策划的要点：(1) 营销策划具有一定的目的性。正如策划具有目的性一样，营销策划同样也具有目的性。为策划活动制定一个科学合理的目标，可以保证策划活动具有明确的方向，一个没有目标的营销策划活动是没有任何实际意义的。在现实营销策划实践中，营销目标主要有销售量、市场份额、销售利润等可以具体量化的指标。（2）营销策划是一种超前决策。它是在策划主体进行广泛市场调查的基础上，对未来营销活动所做的超前决策，具有前瞻性。（3）营销策划有一定的程序。大量实践证明，营销策划必须遵循一定的程序，科学的营销策划程序更加有利于策划主体发挥他们的想象力，促进策划创意的产生，保证策划的质量和水平。（4）营销策划是解决营销过程中的创意思维。正如策划一样，营销策划同样需要创意和创新。只有创新，营销才有生命力。美国著名学者德鲁克曾经说过，企业有两个并且依赖这两个基本功能：市场营销和创新，可见创新的重要性。大量的营销实践证明，好的创意能够使得营销活动取得事半功倍的效果。

营销策划需要具有较高的可行性，营销策划的价值可以体现为优秀的创意与实现的可能性。再好的创意，没有实现的可能性也是徒劳的。好的创意，必须建立在现有的客观条件基础上，具有较高的可行性。

 扩展阅读

魁北克的冰雪狂欢节

如果说里约热内卢的嘉年华，是炙热艳阳下世界最大的狂野盛会，那么魁北克的冰雪狂欢节，则是冰天雪地中世界最大的欢乐派对。魁北克冰雪狂欢节还与中国哈尔滨国际冰雪节、日本札幌雪祭、挪威奥斯陆滑雪节，并称为世界四大冰雪节。

在印第安语中，魁北克是指"河流变窄的地方"，这河便是在魁北克静静流淌的圣劳伦斯河。1608年，法国探险家萨米埃尔·德·尚普兰溯圣劳伦斯河而上，将法国势力带至这片美丽的土地，并根据印第安语命名了魁北克。至今，魁北克省的绝大部分居民仍是法国人的后裔，甚至只会说法语。有人说，要学习最纯正的法语，不是去法国，而应该去魁北克。魁北克在北纬50度左右，每年的11月，魁北克便会迎来入冬的第一场雪。几乎每个来过的人都会被这里的超低温严寒震慑住，但也正因如此才造就了魁北克独特的冬季魅力。当气温骤降、雪越积越厚时，老天赐予魁北克的冰雪狂欢才正式拉开帷幕。

魁北克狂欢节于1955年正式开始，但冬季狂欢这一传统起源于1894年，当时的当地居民于1月底到2月中旬的大斋节前聚集在一起庆祝，最初举办只是为了让当地居民在天寒地冻的日子里舒缓身心、鼓舞精神。而现在，传承100多年的嘉年华则把传统与现代、文化与民俗、娱乐与美食完美结合。冰雪狂欢节规模盛大，雪地活动多得让人应接不暇。无论是天真可爱的孩子，还是不想长大、童心未泯的大人，总是能变着法儿玩出花样来，狂欢节无疑是他们尽情释放、尽享欢乐的"极乐天堂"。如果你喜欢挑战，那么可以去玩雪上橡皮艇，乘着彩色的橡皮艇从超大角度斜坡飞速滑过，享受极速刺激。如果你喜欢可爱小清新，那不妨去看看轻松有趣的小狗跳圈杂技表演，跳高、滚球、钻圈，样样拿手。还有源自魁北克城传统生活方式的雪地竞舟、冰上赛马等雪地游戏，都会带给你意想不到的惊喜。除此之外，在冰雪封冻的严寒冬天,去欣赏一场激烈角逐的狗拉雪橇比赛绝对是最令人热血沸腾的选择。在俊美哈士奇赛犬的带领下,体验雪地狂奔的新鲜与刺激,感受狗拉雪橇的速度与激情,会发现冬天特有的迷人之处!

横渡圣劳伦斯河的独木舟比赛是冰雪狂欢节相当吸引人的一项活动,世界各地的高手组队前来参赛,试图在这项考验勇气与决心的比赛中,一举夺魁。参赛选手必须顶着刺骨的寒风,奋力和水流搏斗,用手拨、用脚踩,甚至站在浮冰上用力推着独木舟前进,在河面上杀出一条生路。冰河独木舟一直作为魁北克人的交通工具往返于圣劳伦斯河两岸,自1894年魁北克第一届冰雪狂欢节,独木舟比赛便成为活动项目。比赛要求5名队员驾着独木舟从魁北克港口到对面的李维斯河岸横渡两次。随着一声号令,比赛正式开始。52支船队从魁北克码头冲向圣劳伦斯河。遇到平整的还没有破冰的河面,船员推动小舟在冰面滑行;但更多时候是巨大的浮冰或冰块拦住他们的去路,这时候则要5个队员全力扛起小舟突破险阻,当遇到冰化的开放性水域,队员们则奋力划桨,全速前进。这一场冬日与冰雪的搏斗,不仅仅是一场赛事,更是自古以来不惧严寒、不惧恶劣环境的魁北克人顽强生存的毅力和斗争精神的展示。

图1-1 魁北克独木舟比赛

来到冰雪狂欢节,一定不要错过与头戴小红帽的微笑雪人合影。他就是大名鼎鼎的博诺姆(Bonhomme),他不仅是这场冰雪狂欢节的亲善大使,同时还是活动期间管理魁北克市的执政官。

图 1-2 与博诺姆合影

1955年1月9日，博诺姆首次在圣路易港公开露面，邀请人们在狂欢节前的三周内举行庆祝活动。当时的魁北克市市长威尔弗里德·哈梅尔也借此机会将象征着市政管理权的城市钥匙，交给博诺姆。这个传统一直延续到今天，每届狂欢节开始时，魁北克市市长都会给博诺姆颁发城市之钥。这一象征性的举动，确认了博诺姆作为庆典大师和庆典之王无可争议的地位。冰雪节之前，工作人员会花上一个月的工夫，为博诺姆建造一座五层楼高的冰雪城堡。之后在狂欢节开幕式上，魁北克市市长便会将城市钥匙交给博诺姆，正式由他掌管魁北克市，直到活动结束。就连冰雪节的门票也做成了微型博诺姆的玩偶，让游客可以挂在脖子上。每年冰雪狂欢节结束后，憨厚可爱的博诺姆就会到北美以及欧亚各地做亲善访问，直到次年1月初才回到魁北克。

资料来源：冬季派对　加拿大冰雪狂欢节［J］.文明，2022（1）：228-247。

第二节　营销策划的特征与原则

一、营销策划的特征

在营销策划过程中，尽管策划的目标、具体内容、使用方法各有不同，但营销策划自身仍然存在一般性的规律和特征，具体而言，营销策划有以下几点特征：

（一）主观性

营销策划是以人为核心。一个好的营销策划方案必须充分发挥策划人的想象力和创造力,不能抛开人的因素孤立看待营销策划本身。信息是策划的基础,是策划人进行策划活动的依据。营销策划人员通过创造性的思维对客观的信息进行加工处理,就产生了主观性的结果。同时,策划人受到自身经历、知识水平、性格特点等多方面的影响,对客观事物的看法会产生巨大差异。我们要学会集思广益,取长补短,发挥策划人员的积极性和创造性,从而形成杰出的创意。

(二) 创新性

营销策划是一种创新性行为。要创新,就要把创新思想贯穿于营销策划的过程之中。创意成功与否是营销策划成功与否的关键。从某种意义上说,创意是营销策划的灵魂。具体而言,这不仅要求对策划的内容、方案有所创新,同时也要求对营销策划的手段、方法有所创新。一个好的营销策划需要具备自己的特色,不能一味模仿他人,即使能够取得一时的效果,也会在激烈的市场竞争中缺乏持久的生命力。企业想要在市场中立于不败之地,就要不断地推陈出新,不断地改进自身的营销方法与营销手段,让创新成为企业发展的不竭动力。

(三) 系统性

营销策划是一项系统性工程,它强调对现有的资源和可以利用的资源进行有效整合。营销策划人员要把所策划的对象视为一个整体,用系统的观念来处理策划对象各要素之间的关系。营销策划要依据系统论的整合原理,寻求市场营销活动"1+1大于2"的投入与产出比。营销策划人员在进行策划时,要有大局观念和长远观念,不能孤立地看待某一具体营销事项,要站在全局的高度,整体性思考所要实现的营销目标。

(四) 超前性

营销策划是一种超前判断。凭借现实生活的各种资料,运用抽象思维,通过一定的逻辑推理与创意,形成对未来的预测。同时营销策划也是一种安排,是企业在充分考虑各方面影响因素的前提下,对未来营销活动的一种安排。在现实的营销实践中,企业能否敏锐地发现市场机会,比竞争对手更迅速、更有效地占领市场至关重要。所以,营销人员在进行营销策划时,一定要认识时机的重要性,抓住转瞬即逝的营销机会,迅速进入市场,抢占市场先机,获取企业竞争优势。

(五) 应变性

营销策划是企业灵活应变的体现。企业的营销环境不断变化,多方面影响着企业经营与发展。它们既有积极的,也有消极的。企业在营销策划中,有可能会遇上一些对营销策划实施产生巨大影响的突发事件,如消费理念的改变、竞争对手策略的变化、经济环境以及政府政策的改变等。营销决策方案的价值也将随着这些外部条件的变化而发生改变。因此,营销策划必须具有一定的应变性,提升企业对市场环境变化的应变能力,把握市场机会,降低企业的经营风险。

二、营销策划的原则

营销策划是一项目的性很强的工作,其主要内容就是利用科学方法与创新思维,立足于企业现有的经营状况,对企业未来的营销发展做出战略性决策和指导。企业在进行营销策划的过程中,不管具体的营销策划方案如何,都必须遵循一定的原则。有效开展营销策划活动所遵循的具体原则如下:

(一)创新性原则

创新是人类生存与发展的重要手段,没有创新就没有人类社会的发展与进步。创新性原则是营销策划的第一大原则。没有创新的营销策划只能是一潭死水,只会使企业在没有硝烟的战争中销声匿迹,不会带来成功。营销策划的创新核心是出奇制胜,旨在"出其不意,攻其不备",意在达到出奇效果,引起轰动效应。出奇制胜的表现主要是"奇",即不同于一般,非同凡响;其次是"特",即有别于人,别开生面;最后是"独",即独一无二。"奇""特""独"应该成为营销策划中最精彩的内容。

(二)系统性原则

在营销策划过程中,策划主体应用系统论的联系观、层次观、结构观和进化观来分析事物,以求从整体上进行谋划,从而提供一套切实可行的全方位、多层次、宽领域的策划方案,以实现企业营销整体最优化。依据该原则,策划主体应注意以下几个方面:一是策划时必须将所有策划的有利因素整合在一起,并以整体的形象一致对外,尽量减少内耗,集中优势力量,确保达到营销策划的目标;二是局部服从整体,以整体带动局部。为了整体利益甚至可以牺牲或舍弃局部。局部的损失可以换来整体的胜利;三是要着眼于更长远的营销目标,不要被眼前利益所迷惑,要注重营销策划的长期性;四是内外部利益统筹安排,不仅注重企业自身效益,还要追求顾客满意与社会效益的最大化。

(三)时效性原则

营销策划一定要把握机遇,顺势而为,否则再完善的策划方案都不可能达到预期的效果。营销策划可以预测趋势甚至超越时代潮流,但却不能背离客观规律,逆转事物的发展方向。营销策划必须顺应市场经济发展进程,遵循市场竞争规律,尊重消费模式和消费趋势,适应企业营销的演变趋势,这样才能促进和推动营销变革和进步。同时营销策划过程中还需要把握好时机,重视整体效果,尤其是处理好时机和效果的关系。

(四)灵活性原则

营销环境总是处于变动之中,策划主体在确定了可行的策划方案并开始实施以后,不能恪守教条,而应审时度势、因地制宜。因此,营销策划模式仅供参照或借鉴,不能照搬照抄。策划技术和方法也不是一成不变的，要留有余地、机动灵活，同时兼顾策划的创意与众不同，这是灵活性原则对营销策划的一项具体要求。营销策划的灵活性原则还体现在机动性方面，即策划主体随时跟踪策划对象及其环境的变化，在进行科学监测的基础上，随机应变地调整策划目标并修正策划方案。这种调整和修正并非随意而为，而是有限度的。这种限度可以从3个方面来把握：一是看变化信息的可靠程度，根据信息的可靠程度决定是否对策划方案进行调整；二是看变化的程度，即变化的范围和幅度，以此来决定调整和修正的幅度；三是看调整和修正后的效益。

（五）可操作性原则

可操作性原则是指营销策划方案投入运行并且能够卓有成效。营销策划在强调创意的同时必须做到主观意志与现实生活中的客观实际相结合，因人而异，因事而别。策划主体的主观能动性，必须符合客观事物的一般规律；策划必须做到与时俱进，把握并满足消费者心理需求，营销策划才有可能成功。可操作性原则包括以下几项具体要求：一是要进行可行性分析，通过可行性分析选出最优方案，包括利害分析、经济性分析、科学性分析、合法性分析4个方面的内容；二是要进行可行性试验，通过试验证明策划的可行性；三是要便于运行、实施并且有效。

第三节 营销策划的意义

对企业而言，一个好的营销策划，可以有效地将企业资源与顾客需求相结合。营销策划所带来的更多的是企业"未来的市场份额"。这就需要企业对营销环境、市场竞争和现实机会进行科学判断，提出具体的营销目标和行动方案。营销策划就是围绕这个目标进行研究、分析与设计。具体而言，营销策划对企业的意义有以下几个方面。

一、促进企业资源的合理配置，提升企业的经济效益

任何企业在经营发展过程中的资源都是有限的，只有优化企业资源的配置，才能避免资源的浪费，提高资源的使用效率。营销策划就是要将企业的有限资源进行整合，按照企业营销目标的要求，对资源进行合理使用，力求以最小的投入获得最佳的效果，为企业创造良好的经济效益。

二、营销策划使企业能更好地定位于市场

在顾客需求日益变幻莫测的今天，企业的营销行为容易偏离正确的轨道，在竞争中迷失方向。营销策划的任务之一就是要寻找市场机会，或在现有市场中确立自己的竞争优势，为企业寻找到一个生存和发展的空间，并根据这样的市场定位开展营销活动。有时候，优秀的营销策划能创造新的需求、发掘新的市场，这在当今的营销活动

中已屡见不鲜。

三、营销策划可以使营销活动有计划，避免盲目性

营销策划本身具有计划性。营销策划依照总体营销目标进行有目的的计划，它是从营销整体利益考虑的一种带有全局性的理性思考，能够使企业的短期目标和长期目标、局部利益与整体利益有机结合，使工作中的每一步都能始终围绕营销目标来开展。因此，营销策划能够有效地克服或避免企业营销活动的非目的性，避免盲目性。

四、营销策划能够降低企业的经营风险

受到环境因素影响，企业间的竞争非常激烈。想要在日益激烈的环境中获得生存与发展，就必须时刻关注企业的营销风险。企业可以通过营销策划对经营环境有更深刻的认识，可以预测或发现企业现实或潜在的风险，从而采取相应措施，防患于未然。另外，企业可以借助营销策划，开拓新市场，降低经营风险。据美国一家市场调查机构的统计，有系统的营销策划企业比无系统的营销策划企业在营销费用上节省 20%～25%。

第四节　营销策划的发展

一、营销策划的历史沿革

从前面探讨策划的含义可以看出，中国是策划思想与行为的起源地。在古代，策划广泛应用于军事、政治和外交领域。在中国，策划的第一次大发展是在春秋战国时期。其间的齐王与田忌赛马、邹忌讽齐王纳谏、苏秦合纵齐抗秦、张仪连横破六国、信陵冒死窃兵符等，都是中国古代典型的策划案例。

策划虽然起源于中国，然而策划科学的真正成熟是在 19 世纪后期的西方。由于第一次和第二次技术革命所推动的工业革命以及由此推进的国际化大科技、大工业、大经济的发展，仅由个人或少数几个人凭经验所做的策划难以满足日益激烈的竞争趋势，这就提出了依靠专家智囊作为科学策划参谋助手的现实需要。

现代策划业包括咨询业、顾问业、策划业在内的智囊产业。随着经济的发展这些智囊产业迅速发展。首先，在发达国家出现了一批服务于政治决策、军事决策、经营决策等决策活动的"脑库"，即智囊机构，如美国的兰德公司、斯坦福国际咨询研究所、巴特尔纪念研究所，日本的野村综合研究所、三菱综合研究所，德国的工业设备企业公司以及英国的艾特金斯咨询公司等。20 世纪 80 年代以后，由于市场经济的发展，中国也出现了咨询公司、策划公司、策划师协会一类的专业机构和团体，许多企

业成立了专门的策划部门，策划师在 90 年代成为一种专门的社会职业。随着竞争的不断加剧，越来越多的企业开始学习和运用西方管理领域的先进理论和丰富经验，开始关注消费者的需求，并且试图通过各种手段满足消费者的需求。这一阶段的另外一个特征是对消费者力量的重视，企业普遍开始加强自身的品牌建设。而各种西方管理理念，如整合营销理论，开始为越来越多的企业所采用。一些企业开始运用西方营销理论的精华，并且结合中国营销环境进行创造性的策划，不断地实践、探索和提升，如农夫山泉、浙江纳爱斯集团、光明乳业等。

进入 21 世纪，互联网经济下的营销体系属于多元化营销体系，信息网络的高速传播性与高级覆盖性特点，使企业到消费者、消费者到企业形成网状的互动发展模式。利用大数据支撑的精准营销，让营销策划更加科学。企业营销数据分析不仅根据产品销售情况分析用户的消费者行为特征，而且还要检测竞争对手的品牌和产品传播效率，建立自身品牌危机检测体系，即大数据支撑营销不仅是针对消费者的购买潜力挖掘活动，同时也要为企业开展行业竞争提供对手的市场行为信息，[①] 如小米、阿里巴巴等企业。

二、营销理念的演进

百余年来，企业对市场持有的哲学或观点可以分为四个阶段：生产、销售、营销以及社会营销导向。但是面对"互联网＋"的时代，市场的概念已经从现实的世界向虚拟的网络世界扩展，因此营销理念也呈现出新的发展阶段。

（一）生产导向

生产导向理念认为"只要把东西做出来，而且不要做得太烂太贵，就可以卖出去"。当需求大于供给或市场缺乏竞争时，这种理念很容易滋生。早期中国台湾有些企业在政策的保护下，缺乏竞争对手，不需要对消费者进行研究，也不需要广告宣传，只需坐以待"币"，生产导向理念于是轻易产生。然而，当经济发展开始走向国际化与自由化从而带动市场竞争时，这些企业也不得不渐渐地抛弃这种以"生产"为中心的想法。此外，企业领导人过度沉迷本身的能力与产品品质，也容易产生生产导向理念。例如，"我们都是采用进口的高级卫浴设备与用品，旅客一定喜欢""我们的景点有丰富的自然生态、历史悠久的古迹，游客一定络绎不绝"。过于强调这些理念容易让人轻视或忽略市场与营销的重要性，以致让经营陷入困境。生产导向理念容易导致"营销近视症"，也就是，只看到眼前的产品，却忽略了营销环境的变化与消费者真正的需求。如果酒店从业者认为消费者只需要"舒适的房间"，而忽略了房客是否安静、交通是否便利、宽频上网的速度及餐饮等需求，就是患上了"营销近视症"。

（二）销售导向

东西既然制造出来了，为了赚钱谋利，就要想尽办法把东西卖出去，这就是销售

---

① 覃素香. 从营销形态演变历程看互联网时代下的企业营销变革［J］. 商业经济研究，2017（12）：39-40.

导向理念。在这种理念下，顾客的需求与利益是次要的，利用强力推销的方式卖出产品才是主要的营销目的。因此，利润的创造不是通过顾客需求的满足，而是产品的销售。换句话说，企业卖的是手上既有的东西，而未必是消费者真正需要的东西。例如，展览主办单位不顾展览现场的大小，只一味地售票，导致现场人数爆满而严重影响参观品质，就是一种销售导向的行为。销售导向理念容易导致广告不实、业务员对消费者的干扰、消费者的压迫感等问题，往往引起消费者的反弹。因此，不少国家都会有减少强力推销的后遗症，并保障消费者权益的相关法律规定。例如，《中华人民共和国消费者权益保护法》规定，消费者可以在收到邮购或推销商品七天之内，不需要任何理由，退回商品或解除买卖契约。消费者对强力推销的不满以及市场竞争的加剧，也促使企业自我检讨与改进，因而带动了下一阶段的营销导向理念的产生。

（三）营销导向

营销导向和销售导向最大的不同在于前者强调顾客的需求与满足感，也就是首先考虑消费者的需求，然后提供符合其利益的产品以创造消费者满足感，并使企业获利。标榜营销导向的企业，往往强调顾客利益、顾客至上、用心服务等。从许多广告文案中，我们可以发现营销导向的踪迹。例如："我们以最体贴的心意准备好了整洁舒服的房间及丰盛美味的佳肴，让每位客人一踏入我们酒店就能感受回家的亲切与自在"；"您的健康是我们的责任，我们的食材、烹调方式、设施与用品、餐厅的清洁与维护等，都是将顾客的健康列于首位"。由于不少人将销售与营销导向牵扯到一起，几位重要的管理学者都特别提出解释，以便理清两者的差别。营销的目的是深入了解消费者，提供完全符合消费者需求与利益的产品，然后以优良的产品去吸引消费者，而不太需要多费口舌推销。因此在营销导向下推销成为多余。

（四）社会营销导向

社会营销导向理念强调："在满足顾客与赚取利润的同时，企业应该维护整体社会与自然环境的长远利益。"也就是，企业应讲求利润、顾客需求和社会利益三方面的平衡。多年来，不少业内人士担心营销导向可能导致企业界为了赚取利润与满足部分消费者的需求，而忽略了整体社会与自然环境的长远利益。例如，为了讲求豪华的包装而过度使用塑料与纸张材料，造成垃圾增量；某些渲染色情与暴力的电视节目虽受部分观众喜爱，却给青少年带来不良影响等。这些忧虑孕育了社会营销导向的观念随着人们对社会及自然环境的重视，标榜社会营销理念的企业也越来越多。例如，麦当劳宣称，如果能证实牛肉供货商的牧场破坏雨林，他们就终止与该供货商的契约；中国台湾台东娜路弯大酒店内的瓶装矿泉水会特别标注"娜路弯邀您共同学习与大自然和睦相处""使用后空瓶请妥善处理"等字句，提醒宾客随手爱护地球，另外，酒店厨余还特别用低温冷藏处理，以避免发臭，并每日运送给厂商作为有机堆肥。与此同时，绿色环保酒店也层出不穷，普吉岛的悦榕庄度假村，由于普吉岛的榕树林十分珍贵，入住此酒店的旅客的费用，一部分会用在保护榕树林以及当地环境保护上。

(五)价值营销导向

随着互联网的发展,市场的概念已经从原来的具体的一个地方变成了一个虚拟的场所,而企业售卖的不再仅仅是有形的产品,更多地是无形的体验。价格不再是产品交易的主导因素,围绕价值要素开展的一种新的营销模式产生了。价值所要考虑的不仅仅是上述导向下的一个因素,它包括企业股东价值、客户价值、社会价值以及其他相关方的价值。在价值营销导向下,企业需要统筹营销活动所有相关的变化,从不同的出发点产生出不同的思路和方法,最后选择一个最优方式,实现相关方的价值最大化。

 扩展阅读

圃美多

圃美多集团(Pulmuone Group)自1981年在韩国本土开办第一家有机农产品专卖店以来,始终致力于发展有机农食品事业,公司通过持续不断的努力与事业多元化发展,目前已跃居成为韩国最大的天然生态食品加工企业。集团在全球拥有10个子公司,2010年年销售额达到人民币80亿元,旗下拥有18个品牌,其大豆制品在韩国市场销量第一。

圃美多集团自创始以来一直追求"为我的家人提供安全放心的产品"的原则,2009年、2011年在"韩国最受尊敬的企业"评选中,圃美多集团在食品行业里排名第一;在"实践健康的企业"排行榜中更是击败了所有对手,排名第一。关爱友邻,尊重生命,圃美多集团以提供最优质的产品和服务,成为最受信赖的人与自然并重的地球乐活(LOHAS)企业。

LOHAS(lifestyle of health and sustainability)是指考虑到人类健康和地球可持续性环境发展意识下所倡导的健康生活方式,以"圃美多"命名的系列产品及相关服务都是在"LOHAS"型生活理念指引之下制作的,而把"正直饮食"作为冠名,更是代表其产品具有"圃美多"的高品质。1984年,圃美多从生产出我们饭桌上经常出现、任何人都喜欢并且能放心食用的豆制品开始到现在,不知不觉间已经走过了30多年。此后,虽然圃美多食品不断向果汁、方便面、炒年糕等领域开拓,但始终坚守制作"LOHAS"式"正直饮食"的初衷。

但是制作像豆腐和黄豆芽那样原材料和制造过程比较简单的产品,与不知不觉间占据我们饮食生活绝大部分的各种速食品相比,所需的"正直饮食"原则是不同的。由于营养不均衡引起的慢性疾病正成为饮食生活的新课题,把均衡营养设计也包含到"正直饮食"原则中的圃美多是值得信任的。

为了我们家人幸福和健康的"正直饮食"就像圃美多的标语那样,食品和我们的幸福、我们的健康有着密切的联系。因此,随着生活的变化,"正直饮食"的内容也要不断变化。将人和环境作为一体考虑，正是现在所介绍的圃美多十大"正直饮食"原则所遵循和追求的不变准则。透明公开的优质原材料信息，满含着我们为此付出的不断努力。

圃美多十大"正直饮食"原则：

（1）确保安全规避有害物质，使用可以追踪到原产地和信息记录的原料。制作能放心食用的食品应从挑选安全原材料开始。不仅对残留农药、重金属、病原性微生物等进行检测，还包括对原产地、生产、出入库信息、流通管理等信息的追踪记录情况。

（2）不使用 GMO 放射线照射的原料。对于用作产品原材料的大豆、玉米在内的农产品，使用 non-GMO 标准，以食品的品质保存、提升微生物安全性为目标，不使用经放射线照射处理的原材料。同时考虑消费者可能顾虑到的食品潜在危害性，原则上不使用涉及安全性争议的原材料，这是圃美多的坚守。不过对于油脂类以及淀粉糖的原料，通过食品加工，可清除检测不到的 GMO 成分（GMO 遗传基因可由此产生蛋白质），因此对于上述原料不适用这个标准。

（3）只使用从抗生素和成长激素中确保安全的原材料。和人一样，家禽注射大量抗生素的话，会产生抗药性细菌。现在还没有明确的实验结果表明这些抗药性细菌会对人体产生影响，但是考虑到可能存在的潜在危害性和消费者的不安，只把从抗生素和成长激素中确保安全的畜产品用作原材料。

（4）不使用含有反式脂肪的加工硬化油。反式脂肪是引发人体炎症和冠状动脉疾病的原因。根据科学认证，随着"坏"胆固醇 LDL 的增加，会使"好"胆固醇 HDL 持续减少。因此，在丹麦和美国纽约等地已经明确禁止使用反式脂肪了，在韩国也有义务标示反式脂肪含量。为了使摄取的反式脂肪达到最小化，不使用代表性的反式脂肪高含量食品——人造黄油、硬化油等加工硬化油（在动植物油脂中添加氢后所得到的油脂类）。

（5）不使用合成防腐剂、合成色素、合成香料、L-谷氨酸钠。不使用合成防腐剂、合成色素、合成香料、L-谷氨酸钠来保存原材料固有的口感、香味、色泽等自然风味。

（6）按照热量、钠、糖类、饱和脂肪等营养指南制作圃美多产品。营养的不均衡会导致慢性疾病，替代传统饮食的方便快捷食品正以自身营养为指南开发产品。就像在汤类面食中容易存在过量的钠一样，当因产品的特性难以遵守营养管理标准时，改善其吃法或完善其烹饪方法有助于均衡的营养管理。

（7）按照苛刻的卫生标准制作安全又放心的食品。为了生产更安全更可信的产品，圃美多食品按照 HACCP 水平标准，严格遵守包括 QMS（品种规格标准）在内的各项变准工序和卫生管理条例，制作符合圃美多食品安全经营系统（PFSMS）、让人放心的食品。

（8）考虑健康和环境的包装管理标准。圃美多食品的所有包装以 4R 为原则进行设计。通过制造工艺最佳的包装设计，从根本上减少资源浪费（reduce），以消费者在保质期内可以放心食用为前提，通过最合理的包装设计减少过度包装（remove），达到使用后也可以再利用和再活用（reuse/recycle）。并且，对于直接接触产品的包装材料，使用不诱发环境激素等有害危险物质的 PE/PP/PET 为主要材质。

（9）从产品的生产到流通，严格遵守圃美多温度管理标准。为了传递原材料固有的自然之味，采用最少加工一样，为了达到产品的最佳品质，遵守各产品在制造、保管、物流过程中所需的常温、冷藏、冷冻等严格温度管理标准。

（10）产品中使用所有原材料种类和用途的透明公开化。所有产品通过包装纸公开使用过的原材料信息。但在加入两种以上的原材料或添加物制作的复合原材料的情况下，按照含量5%以上时只标记除纯净水以外的前5种原料，5%以下时只标记复合原材料名称的方式公开，并且，通过法律标准很难告知产品中包含的所有原材料的种类和个数。所以圃美多通过本公司网站按照含量顺序，罗列产品中使用的所有原料，添加物情况，详细标明其内容和用途，保障消费者权利。

资料来源：圃美多乐活［EB/OL］. http：//www.pumeiduo.com/。

营销策划的核心在于创新，创新不是脱离时代发展环境的随心所欲，而是努力创造出最能够体现时代特征的营销方式。社会发展进步总是带给人们许多新的需求，企业就要不断创造新的产品或服务，来满足人们不断增长的物质和文化方面的需要，营销策划也要适应人们消费心理的变化，创造出适应时代发展的新战略和新方法。

本 章 小 结

策划是社会生活中最常见的活动之一，是一种具有目的性与前瞻性的行为，它要求对未来一段时间将要发生的事情做出当前的决策。营销策划则是指市场营销策划的主体，通过对市场进行认真分析，对将要发生的营销行为进行超前规划和设计，以提供一套系统的有关企业营销的未来方案。这套方案是围绕企业实现某一营销目标或解决某一问题的行动措施。营销策划是现代企业经营管理的重要内容，在市场竞争日益激烈的今天，是企业获得市场竞争优势的重要途径。它具有主观性、超前性、创造性、系统性以及应变性的特征。成功的策划项目要遵循一定的原则，并对企业产生较为重要的意义。中国是策划思想与行为的发源地，随着中国经济、技术的发展，人们的需求不断变化。营销策划必然会适应人们消费需求的变化，创造出适应时代发展的新战略与新方法。

【思考题】

1. 策划的含义是什么？
2. 策划与计划的区别和联系是什么？
3. 营销策划的特点是什么？
4. 营销策划对企业的意义是什么？

第二章
营销策划基本理论

【学习目标】
- 掌握营销策划中使用的各种理论
- 能够熟练运用营销理论进行营销案例分析

跟其他的管理学科一样,营销策划也是一门科学性和艺术性相结合的学科。一方面,营销策划来源于营销实践,与营销实践紧密结合在一起,在不同的环境背景下有不同的表现形式,在具体操作上有很强的艺术性,不能生搬硬套,照本宣科。另一方面,营销策划过程包含着各种规律,是各种各样的营销策划实践所必须遵循的,这些规律表现为一定的原理、方法、思维和工具,这些构成了营销策划的基础理论,是营销策划这门学科科学性的表现。

本章将对营销策划中涉及的主要理论进行分析,详细介绍整合营销传播、关系营销、网络营销这三个主要理论以及这三个理论所涉及的策划方法和要点,进而让学生能够系统性、科学性以及理论性地看待营销策划,并在期间结合案例来加深对于策划理论的认识。

第一节 整合营销传播

一、整合营销传播的概念

作为理论意义上的整合营销传播概念,最初由美国西北大学的唐·舒尔茨教授等人在1993年提出。但是数年来,对于整合营销传播概念的理解却存在着多种不同的看法,舒尔茨本人也在不断地修正着自己的观点,其中很重要的一个原因就是整合营销传播目前还在不断地发展和完善之中。整合营销传播的概念,即使是在它的发源地美国,其解释也存在着诸多分歧。

1993年,美国西北大学麦迪尔学院营销沟通课程的教师们提出了一种普遍接受的看法:整合营销传播是发展和实施针对现有和潜在客户的各种劝说性沟通计划的长期过程。整合营销传播的目的是对特定沟通受众的行为施加影响或间接作用。整合营销传播认为现有或潜在客户与产品或服务之间发生的一切有关品牌或公司的接触,都可能是将来信息的传播渠道。也就是说,整合营销传播运用与现有和潜在的客户有关并可能为其接受的一切沟通形式。

美国科罗拉多大学的汤姆·邓肯博士对整合营销传播理论的发展做出了进一步的卓越贡献。他认为,随着顾客和关系利益人对公司重要性的日益显著,一种以顾客为中心的组织结构比之前以公司为中心的组织结构更加富有成效。因此,整合营销传播也就意味着顾客关系管理、一对一营销、整合营销、关系营销以及策略性的品牌信息传播等。这些传播模式虽然侧重点有所不同,但归根到底却是出于同一目的:获得、保持或者提升顾客与公司或品牌的关系。因此,汤姆·邓肯认为:整合营销传播是一个运用品牌价值管理客户关系的过程。具体而言,整合营销传播是一个交叉作用过程,一方面通过战略性传递信息运用数据库操作和有目的的对话来影响顾客和关系利益人,另一方面也创造和培养可获利的关系。①

在早期对整合营销传播进行界定的基础上,2013年,舒尔茨对整合营销传播的定义进行了进一步的发展和完善:整合营销传播是一个战略性的业务流程,企业利用这一流程在一定时间内对消费者、已有客户、潜在客户以及其他有针对性的内外相关受众来规划、发展、执行和评估品牌的传播活动,使之协调一致、可以衡量,并具有说服力。首先,舒尔茨对于整合营销的定义明确地提升了营销传播的角色和地位,使整合营销传播从营销战术上升为经营战略;其次,它拓展了营销传播的范围,整合营销传播覆盖了公司与各个层面所有利益相关群体之间的关系;最后,整合营销传播需要进行不间断的衡量和评估。②

总体而言,舒尔茨对整合营销的理解是以消费者为中心,站在消费者立场考察产品和品牌的价值。整合营销作为一种系统性的营销计划,强调整合对内对外一切资源以及各种传播手段,与目标消费群体进行有效率的沟通,在保证给目标客户带来富有针对性的产品和服务的同时,也保证了公司的预期收益。

二、整合营销传播的特征

整合营销传播的理论和实践应该建立在以下五个重要特征之上:

(一) 传播过程始于消费者的需求

整合营销传播的第一个重要特征就是要从现有或潜在消费者的需求出发,再反馈到品牌沟通者,以便他们选择开展劝说性沟通活动的一种最恰当、最有效的方法。在接触方法和沟通渠道的选择上,整合营销传播摒弃了"由内而外"(inside-out)即由公司到消费者的方式,而从消费者的真实需求出发,"由外而内"(outside-in)地选择提

---

① 汤姆·邓肯,桑德拉·莫里亚蒂. 品牌至尊:利用整合营销创造终极价值[M]. 廖宜怡,译. 北京:华夏出版社.
② 唐·舒尔茨,海蒂·舒尔茨. 整合营销传播:创造企业价值的五大关键步骤[M]. 王苗,顾洁,译. 北京:清华大学出版社,2013:43-44.

供最能够满足消费者需要的信息，并促使他们购买有关品牌的沟通方法。

（二）使用各种方法和消费者进行接触

整合营销传播运用一切沟通方式和一切有关品牌或公司的接触来源作为潜在的信息传递渠道。接触这个词在这里是指任何能够接触到目标客户并传达有关品牌的正面形象的信息传递媒体。整合营销传播的目的就是运用一切恰当的接触的方法，迅速有效地同目标受众进行沟通。整合营销传播的这一特征的主要价值在于它向以前大多数营销活动过度依赖大众媒体的做法提出了挑战。

（三）营销传播要素要协同发挥作用

一切沟通要素（广告购买现场、促销、活动等）都必须"用一个声音说话"。要想建立有力和统一的品牌形象并促使消费者采取购买行动，协调是非常重要的。如果不能严密协调所有的沟通要素，就可能会导致事倍功半的后果，甚至可能会使消费者得到相互矛盾的品牌信息。

（四）和消费者建立关系

整合营销传播的第四个特征是：它相信成功的营销沟通将会在品牌和消费者之间建立一种关系。事实上建立关系是现代营销学的关键，而整合营销传播是建立关系的关键。关系是品牌和消费者之间的一种持久联系，意味着多次购买甚至忠诚。现在很多公司已经认识到，建立和保持与消费者的适当关系比不断寻找新的客户要更有利可图。

（五）最终影响消费者的行为

整合营销传播的目的是影响目标受众的行为。这意味着营销传播所做的不只是增强品牌认知或改善消费者对品牌的态度，成功的整合营销传播要求沟通行为必须力图鼓励某种行为反应。换句话说，整合营销传播的目的是促使人们采取行动。一个整合营销沟通计划成功与否最终要看它是否影响了人们的行为。在消费者购买一个新品牌的产品之前，营销者一般都需要使他们了解这个品牌及其能够带来的利益，并引导他们对这个品牌产生积极正面的态度。但是，一个成功的营销沟通计划不能只是鼓励消费者喜爱一个品牌，或仅仅让他们知道有这么一个品牌。这也部分地说明了为什么促销和直接广告如此盛行。这两种办法都比其他营销沟通形式见效更快。

三、整合营销传播的理论基础

新理论的出现从来都不是偶然的。20世纪初期以来，人们的思想观念、生活方式、市场的供求状况随着经济的发展发生着巨大的变化。企业（生产者）的目光也从自身转移到消费者乃至所有的利益相关者身上。而整合营销传播理论就是随着这种经济的发展与市场的转型而不断变化的。

（一）产品经济下的 4P 理论的缺陷

20 世纪初期至 20 世纪中叶是一个典型的产品经济时代，这一时期生产观念十分流行，企业的任务就是组织所有资源，通过提高生产效率和降低生产成本来实现大规模生产。由于当时的生产力水平低下，产品的需求大于供给，卖方掌握着市场主导权。此时，生产商考虑最多的是如何扩大生产规模，而不太关注消费者具体需求的差异。在这样的市场背景下，美国密歇根大学的杰罗姆·麦卡锡教授于 1960 年在其著作《基础营销》中提出了"4P"理论，即产品（product）、价格（price）、渠道（place）、促销（promotion）。

基于 4P 理论的传统营销传播采用的是一种"由内而外"（inside-out）的视角，企业从自身条件因素出发来考虑生产产品，然后核算产品的各项成本及利润，最后制定销售价格，寻找销售渠道，用各种促销手段将产品销售给顾客。在这一视角下，企业更关注产品本身而不是消费者的需求，更关注企业自身的利益而不是消费者的利益。营销传播的信息流也只是从企业（信息发送者）到消费者（信息接收者）的简单单向流动。

（二）市场权力的转移与 4C 理论的兴起

自 20 世纪 70 年代开始，世界经济全球化与科技革命给社会经济和市场带来了巨大的变化：其一，社会商品极大丰富，社会商品消费的需求和欲望被空前满足；产品生命周期缩短，更新换代加快。其二，产品同质化严重，同类产品之间的差异越来越小；科学技术的进步与市场利益的驱使让高速度仿制产品成为可能。其三，社会生产规模化造成市场空间范围极大扩展，传统的 4P 营销理论已经不能适应新的市场背景，伴随着整合营销理论的提出，4C 营销理论由此产生。

1990 年，美国学者罗伯特·劳特朋（Robert Lauterborn）教授在其《4P 退休 4C 登场》一文中提出了与传统营销的 4P 理论相对应的 4C 营销理论。认为企业应该以消费者的需要和期望为导向，4C 即顾客（customer）、成本（cost）、便利（convenience）和沟通（communication）。与基于"由内而外"视角的传统 4P 理论相对而言，4C 理论采用的是一种"由外而内"（outside-in）的视角。传统的 4P 理论认为营销管理者自己生产产品，制定价格渠道、促销手段，不去了解外部的信息，而基于 4C 的现代营销传播对消费者和其他利益相关者的信息实时了解跟进，根据市场需求来制定自己的产品和价格等。"由外而内"的观念更关注消费者的需求，它体现了营销过程从传统营销传播到整合营销传播转变的实质。与 4P 理论相比，4C 营销理论包括四项原则：

（1）消费者重于产品。4P 关注的是企业自身的产品，所以往往是从自身的产品出发去规划消费者的需求；而 4C 则主张消费者第一，完全从消费者的欲望和需求出发，以此为基础反过来去规划产品。

（2）成本先于价格。4P 从企业的生产成本出发来为产品定价，而 4C 则认为，价格不是由企业来定的，而是由消费者决定的，制定价格时要考虑消费者为获得产品所愿意付出的心理成本。

(3)便利先于渠道。4P将销售渠道的选择和策略看作产品销售的关键,而4C则认为消费者在购买产品时总是选择最方便的渠道,所以渠道的设计首先要考虑在购物等交易过程中如何给消费者以方便。

(4)传播大于促销。传统的促销属于传递品牌信息与消费者的单向沟通。将促销上升到传播的高度,为达成营销的目标,企业必须以消费者为中心,通过互动性沟通,将企业与包括消费者在内的各个利益相关者进行整合。

四、整合营销传播的执行

(一)整合营销传播的操作思路

(1)以整合为中心。着重以消费者为中心并把企业所有资源综合利用,实现企业的一体化营销,特别表现在统一的传播主题。

(2)强调协调、统一,系统化管理。企业营销活动的协调性,不仅强调企业内部各环节、各部门的协调一致,而且强调企业与外部环境协调一致,整体配置所有资源,形成竞争优势,实现整合营销目标。

(二)整合营销传播执行过程

(1)在整合营销传播执行中,涉及资源、人员、组织和管理等方面。实现资源最佳配置,既要利用内部资源,力求实现资源使用的最佳效益,又要利用最高管理层和各职能部门,组织资源共享,避免资源浪费。

(2)人员的选择、激励。人是实现整合营销目标的最能动、最活跃的因素,要组成有较高的合作能力和综合素质的非正式团队小组,保证圆满完成目标;通过激励措施不断增强人员信心,调动积极性,促使创造性变革的产生。

(3)学习型组织。整合营销团队具有动态性特点,而组织又要求具有稳定性。要建立组织中人们的共同愿景,保持个人与团队目标和企业目标的高度一致,并强化团队学习,形成开放思维,实现自我超越。

(4)监督管理机制。高层管理力求使各种监管目标内在化,通过共同愿景培养各成员、各团队自觉服务精神,通过激励、培养塑造企业文化,强化团队自我管理能力。团队自身也承担了原有监管应承担的大量工作,在最高层的终端控制下,自觉为实现企业营销目标努力协调工作。

 扩展阅读

HBO整合营销活动设计

HBO想要向世人展示"他们是最伟大的故事人"这样的传播主题,并通过一系列的媒体程序来传达这一理念。具体做法为 BBDO 广告公司为 HBO 推出的一个宣传活动，基于人类的偷窥欲望，打造了系列以偷窥视角拍摄的影片。这些故事包含了生活、死亡、出生、救赎等主题。

在执行过程中，他们在纽约街头发出为期一周的夏季晚会的邀请函。这些邀请函引导人群到达城市的下东区，在那里短片会被投射到建筑的墙面上，使用两个高清的投影机。在墙上，你会看到八个不同的公寓；同时，观众也可以用他们的邀请函，发现不同故事之间的联系。这些故事包含了生活、死亡、出生、救赎等主题。对于纽约以外的观众，他们制作了一个宣传片用于电视和影院的播放。宣传还会引导受众到"HBOvoyeur. com"网站来观看这一系列影片，同时在网站上受众可以任意放大一个故事进行细节了解。他们挑选了最酷的音乐家来进行配乐，受众还可以选择自己所喜欢的音乐对所看到的故事进行搭配。如果在网站上面继续探索，受众还可以看到更多以广阔城市为背景的故事。与此同时，受众也可以在 HBO on Demand 的网站上观看原片。原片上还有博客链接，方便受众了解更多故事的真相。在这里用户可能会遇到故事的另外一个人物，如一位自称有内幕信息的虚拟博客作者，开始感觉到自己已被监视。其他线索也会陆续在报纸和海报上曝光，以及包括用户在手机上观看的独家视频。

HBO 通过多种媒体相互配合、相互弥补，并发挥每个媒体各自的优势，来完成"他们是最伟大的故事人"这一整合传播营销的主题。

资料来源：HBO 偷窥狂整合营销活动 [EB/OL]. http：//iwebad. com/case/7104. html.

第二节 关 系 营 销

一、关系营销以及其本质特征

关系营销是以系统论为基本思想，将企业置身于社会经济大环境中来考察企业的市场营销活动，认为企业营销乃是一个与消费者、竞争者、供应者、分销商、政府机构和社会组织发生互动作用的过程。

约翰·伊根认为对关系营销目标最好的描述是："在适当情况下，识别和建立、维持和增进同消费者和其他利益相关者的关系，同时在必要时终止这些关系，以利于实现相关各方的目标；这要通过相互交换及各种承诺的兑现来实施。"菲利普·科特勒认为："关系营销（relationship marketing）就是要与关键的利益相关者建立起彼此满意的长期关系，以赢得和维持业务"。[①] 关系营销将建立与发展同所有利益相关者之间的关系作为企业营销的关键变量。关系营销奉行的黄金法则是：同等条件下，人们将和他们认识、喜欢并且信任的人做生意。[②] 关系营销的本质特征包括以下几个：

[①②] 鲍勃·伯格. 关系营销 [M]. 许旭，译. 北京：中国长安出版社，2008：7.

（一）信息沟通的双向性

社会学认为关系是信息和情感交流的有机渠道，良好的关系即是渠道畅通，恶化的关系即是渠道阻滞，中断的关系则是渠道堵塞。交流应该是双向的，既可以由企业开始，也可以由营销对象开始。广泛的信息交流和信息共享，可以使企业赢得更多、更好的支持与合作。

（二）战略过程的协同性

在竞争性的市场上，明智的营销管理者应强调与利益相关者建立长期的、彼此信任的、互利的关系。这可以是关系一方自愿或主动地按照对方要求调整自己的行为；也可以是关系双方都调整自己的行为，与实现相互适应。各具优势的关系双方互相取长补短，联合行动，协同动作去实现对各方都有益的共同目标，可以说是协调关系的最高形态。

（三）营销活动的互利性

关系营销的基础，在于交易双方相互之间有利益上的互补。如果没有各自利益的实现和满足，双方就不会建立良好的关系。关系建立在互利的基础上，要求互相了解对方的利益要求，寻求双方利益的共同点，并努力使双方的共同利益得到实现。真正的关系营销需要达到关系双方互利互惠的境界。

（四）信息反馈的及时性

关系营销要求建立专门的部门，用以追踪各利益相关者的态度。关系营销应具备一个反馈的循环，连接关系双方，企业可由此了解到环境的动态变化，根据合作方提供的信息，改进产品和技术。信息的及时反馈，使关系营销具有动态的应变性，有利于挖掘新的市场机会。

二、关系营销的流程系统

关系营销把一切内部和外部利益相关者都纳入研究范围，并用系统的方法考察企业所有活动及其相互关系，表现积极的一方被称为市场营销者，表现不积极的一方被称作目标公众。关系营销所必须处理的关系基本包括以下：

（一）企业内部关系

内部营销起源于把员工当作企业的市场。智慧的企业高层领导，心中装有"两个上帝"，一个"上帝"是顾客，另一个"上帝"是员工。企业要进行有效的营销，首先要有具备营销观念的员工，能够正确理解和实施企业的战略目标和营销组合策略，并能自觉地以顾客导向的方式进行工作。同时企业要尽力满足员工的合理要求，提高员工的满意度和忠诚度，为关系营销奠定良好基础。

（二）企业与竞争者关系

企业所拥有的资源条件不尽相同，往往是各有所长、各有所短。为有效地通过资源共享实现发展目标，企业要善于与竞争对手和睦共处，并和有实力、有良好营销经验的竞争者进行联合。

（三）企业与顾客关系

顾客是"上帝"，企业要实现盈利目标，必须依赖顾客。企业需要通过搜集和积累大量市场信息，预测目标市场购买潜力，采取适当方式与消费者沟通，变潜在顾客为现实顾客。同时，要致力于建立数据库或其他方式，密切与消费者的关系。对老顾客，要更多地提供产品信息，定期举行联谊活动，加深情感信任，争取将其变为长期顾客，举办这些活动花费的成本，肯定比寻求新顾客更为经济。

（四）企业与供销商关系

因分工而产生的渠道成员之间的关系，是由协作而形成的共同利益关系。合作伙伴虽也存在矛盾，但相互依赖性更为明显。企业必须广泛建立与供应商、经销商之间的密切合作的伙伴关系，以便获得来自供销两个方面的有力支持。

（五）企业与影响者关系

各种金融机构新闻媒体、公共事业团体以及政府机构等，对企业营销活动都会产生重要的影响，企业必须以公共关系为主要手段争取它们的理解与支持。例如，社区是以地缘为纽带而连接和聚集的若干社会群体或组织之间的关系，构成了企业关系营销中不可忽视的一环。企业需要社区提供完善的基础设施和有效率的工作场所，社区也希望企业为社区建设提供人、财、物的支持。

三、关系营销的主要目标

关系营销更为关注的是维系现有顾客，丧失老顾客无异于失去市场，失去利润的来源。但是仅仅维持较高的顾客满意度和忠诚度还不够，必须分析顾客产生满意感和忠诚度的根本原因。由于对企业行为的感知和理解不同，顾客表示满意的原因可能不同，只有找出顾客满意的真实原因才能有针对性地采取措施来维系顾客。满意的顾客会对产品、品牌乃至公司保持忠诚。忠诚的顾客会重复购买某一产品或服务，不为其他品牌所动摇，不仅会重复购买已买过的产品，而且会购买企业的其他产品。同时顾客的口头宣传，有助于树立企业的良好的形象。此外，满意的顾客还会高度参与和介入企业的营销活动过程，为企业提供广泛的信息、意见和建议。

四、建立持久的顾客关系

精明的企业不仅要创造顾客，还想要"拥有"顾客的"一生"。为此，它必须建立持久的顾客关系。企业可以在多个层次上建立顾客关系。一般地说，企业对那些数量庞大、边际利润低的顾客更多地会谋求建立层次较低的基本关系。

（一）财务层次

通过价格优惠等财务措施来树立顾客价值和满意度。如宾馆为常客提供免费或降价服务；商场提供惠顾折扣券；民航公司对常客实施优惠方案等。

（二）社交层次

通过加强社会交往来提高企业与顾客的社会化联系，与常客保持特殊关系。如在互联网的背景下，企业通过各种各样的方式与顾客互动，维系彼此之间的情感联系，增加顾客黏性。

（三）结构层次

通过使用高新技术成果，精心设计服务体系，使顾客得到更多消费利益，来增强顾客关系。如通过对顾客消费数据的分析，进而形成对顾客消费行为的基本判断，以此来为顾客进行个性化定制服务。

第三节　网　络　营　销

一、网络营销的概念

目前，网络营销还没有一个公认的统一的定义。一般的认识是：网络营销是企业整体营销战略的一个组成部分，是建立在互联网基础之上，借助于信息技术来实现一定营销目标的一种营销方式。可以说，网络营销贯穿于企业开展网上经营的整个过程，包括网店的建立、网上信息的发布、网上市场调研、网络市场细分，以及开展网上交易为主的电子商务等。这些都是企业市场营销管理活动的重要内容。对于网络营销的概念，应从以下几点认识。

（一）网络营销不是网上销售

网上销售是网络营销发展到一定阶段产生的结果，但网络营销本身并不等于网上销售。网上销售仅仅强调了企业通过网络实现商品交易的一个环节，往往还要采取许多传统的方式予以配合来实现整个销售活动，如传统媒体广告、印发宣传册、现实促销手段等。而网络营销活动涵盖企业市场营销组合，是企业整体市场营销管理战略的构成，它是由科技发展、消费者价值变革和商业竞争等综合因素促成的新的营销方式。

（二）网络营销不仅局限于网上

在现代营销和技术发展的基础上，网络营销和传统营销是以互补的方式存在着的。

一般情况下，单单依靠网络营销不能达到最理想的营销效果。如消费者只有去了实体店才能够真正体验到产品，有更充分的感知。因此目前的网络营销不仅仅局限在网上，而应该更多地去思考如何将网络营销与传统营销进行有力的配合。

（三）网络营销建立在传统营销理论基础之上

网络营销是企业整体营销战略的一个部分，网络营销理论是传统营销理论在互联网环境中的应用和发展。在网络营销环境下，传统的营销策略组合4P作为研究市场营销的基本思路依然可以应用，但更应考虑以消费者为中心的4C观念。从消费者的角度出发来设计产品和服务，让消费者参与到企业的业务中来并获得一定的体验，这才是网络营销应该思考的，而不能像以前从企业角度出发来设计相关业务展开。

二、网络营销的特性

市场营销管理最本质的内容是企业和消费者之间进行信息的传播和交换。随着互联网技术发展和互联网成本的下降，信息资源可以实现高效的共享和交换。正因为如此，互联网也使得网络营销具备了以下特点：

（一）交互式

通过互联网，企业可以积极地向顾客展现商品信息，连接资料库提供有关商品信息的查询，可以收集市场情报，可以进行产品测试和消费者调查，它是进行产品设计、商品信息提供以及服务的最佳工具。消费者也可以搜索自己所需要的信息，向企业反馈意见，通过互联网实现购物，节省了时间，也提高了效率。

（二）跨时空性

传统市场营销管理活动可能会受到时间和空间的限制，而互联网可以超越时间约束和空间限制进行信息交换，企业能有更多时间和更大空间进行营销，可24小时随时随地地提供全球性营销服务。

（三）多媒体化

互联网络可以传输多种媒体的信息，如文字、声音、图像、色彩等。为达成交易进行的信息可以以多种形式存在和交换，可以充分发挥营销人员的创造性和能动性。各种文字、视频、音频信息在网络上实现统一，可以极大地刺激消费者需求，激发购买欲望。

（四）拟人化

互联网上的促销是一对一的、理性的、消费者主导的、非强迫性的、循序渐进式的，而且是一种低成本与人性化的促销，可以避免推销员强势推销的干扰，并通过信息提供和交互式交谈，与消费者建立长期的良好关系。

（五）数据性

计算机可存储大量的信息，消费者可迅速地进行查询工作。同时企业可以根据营销数据，精准地预测消费者的购买行为。

（六）整合性

网络营销可由商品信息传播、达成交易、线上支付、售后服务一气呵成，因此是一种全程统一的营销渠道。另外，企业可以借助互联网将不同的营销活动进行统一的设计规划和协调实施，以统一的传播资讯向消费者传达信息，避免不同传播的不一致性产生的消极影响。

三、网络营销策略

（一）网络营销产品策略

1. 产品目标市场定位。

网络营销的产品和服务的首要消费者应该是互联网的用户，产品和服务应尽量符合互联网的特点。此外在"注意力经济"的时代，争夺消费者注意力的资源过多，因此准确的定位是网络营销的重要功课。

2. 消费者需求与欲望的了解。

企业进行网络营销要以消费者为中心，就必须了解他们的需求与欲望，这主要通过网络调查来实现。与传统的市场调查一样，网络调查也是要经过设计调查问卷、收集数据、统计分析和得出结论等阶段，但同时网络调查也具有一些自身的特点，这主要体现在它与传统的市场调查相比所具有的优势方面：一是它的互动性。这种互动不仅表现在消费者可以对现有产品发表意见和建议，更表现在消费者对尚处于概念阶段产品的参与，这种参与将能够使企业更好地了解市场的需求，而且可以洞察市场的潜在需求。二是网络调研的及时性。网络的传输速度快，一方面调研的信息传递到用户的速度加快，另一方面用户的反馈速度也极大加快。三是网络调研的便捷性和经济性。无论是对调查者还是被调查者，网络调研的便捷性都是非常明显的。此外，用户反馈的数据具有多样性，除了调查问卷之外，还可以充分调动其他的文本、图片等相关数据，以此达到对用户的准确分析。

3. 新产品开发中的顾客参与。

企业可以利用现代发达的信息技术，经常性地与消费者进行对话，顾客可以及时将意见反馈给企业，从而大大提高企业开发成本。在新产品开发中，企业用计算机进行的模拟研究，能够营造出市场的真实氛围，可以对品牌排列、产品包装、定价、促销和商品陈列等诸多方面随意变动和组合，可以较为准确和科学地测试新的营销概念、方法和计划。

（二）网络营销定价策略

网络营销定价关系到产品在网络市场上的销路、竞争地位和市场占有等一系列指标。要在普通产品定价的基础上，对市场变数和网络变数加以综合考虑。

1. 免费价格策略。

免费价格策略就是指企业为了实现某种特殊的目的，将产品和服务以"零价格"形式提供给消费者使用的价格手段。目前，企业在网络营销中采用免费价格策略的目的主要是：

（1）让用户免费使用形成习惯后再开始收费。如有些软件企业允许消费者在互联网上下载限制使用次数的软件，其目的是想在消费者使用习惯后，掏钱购买正式软件。这种免费策略主要是一种促销策略。

（2）先占领市场再在市场上获取收益。出于这种目的考虑的企业在制定免费定价策略时，主要是从战略发展的需要出发，着眼于发掘产品的后续商业价值。免费价格策略的形式主要有以下几种：①产品和服务完全免费。产品和服务从购买、使用和售后服务所有环节都实行免费服务。②产品和服务实行限制免费。即产品和服务可以被有限次使用，超过一定期限或者次数后，这种免费形式取消。③产品和服务实行部分免费。消费者可以免费使用产品的某些功能或部分服务。④产品和服务实行捆绑式免费。即购买某些产品或者服务时赠送其他产品或服务必须付款。

2. 定制定价策略。

按照顾客需求进行定制生产是网络时代满足消费者个性化需求的基本形式。定制化生产根据顾客对象可以分为两类：一类是面对工业组织市场的定制生产；另一类是针对消费者的定制生产。因此，企业实行定制生产必须在管理、供应、生产和配送各个环节上，都适应这种小批量、多式样、多规格和多品种的生产和销售变化。

定制定价策略就是在企业能实行生产的基础上，利用网络技术和辅助设计软件，帮助消费者选择配置或者自行设计能满足自己需求的个性化产品，同时承担自己愿意付出的价格成本。通过这种定价策略，消费者对产品价格有了比较透明的认识，增加了企业在消费者面前的信用。

3. 使用定价策略。

所谓使用定价，就是消费者通过互联网注册后可以直接使用某企业的产品，消费者只需要根据使用次数进行付费，而不需要将产品完全购买。这一方面减少了企业为完全出售产品而进行的不必要的大量的生产和包装浪费，同时还可以吸引消费者，扩大市场份额。消费者每次只是根据使用次数付款，节省了购买产品、安装产品、处置产品的麻烦，也节省了不必要的开销。

（三）网络营销渠道策略

1. 网络直销。

网络直销是指生产商通过网络直接销售产品。主要做法是企业在互联网上建立自己的站点，申请域名，制作主页和销售网页，由网络管理员专门处理有关产品的销售事务。网络直销有许多优点：

（1）能够促成产需直接"见面"。

（2）网络直销对买卖双方都会产生直接的经济利益，企业能够以较低价格销售产品，扩大市场份额，消费者也能够买到大大低于现货市场价格的产品。

（3）营销人员可以利用各种网络工具开展各种形式的促销活动，迅速扩大产品市场份额。

（4）网络直销使企业能够及时了解用户对产品的意见、要求和建议，从而使企业提高产品质量，改善企业经营管理。

2. 网络间接分销。

网络间接分销渠道类型有两种情况：一种是网络商店。一些网络商店直接从企业进货，然后以一定折扣销售给消费者。另一种就是网络商品交易中介机构。网络商品交易中介机构提供信息中介服务，成为连接买卖双方的枢纽，如天猫、京东等。

3. 双道法。

在网络营销活动中，双道法是最常见的方法，是企业网络营销渠道的最佳策略。所谓双道法，是指企业同时使用网络直接销售渠道和网络间接销售渠道，以达到销售量最大的目的。在买方市场条件下，通过两条渠道销售产品比通过一条渠道更容易实现"市场渗透"。①

（四）网络营销促销策略

网络营销采用的促销方式与传统营销的不同在于媒介的不同。网络营销的促销方式主要有以下几种：

1. 网络广告。

网络广告是指由广告主以付款的方式通过互联网进行的商品和服务等的营销推广活动。

（1）网络广告的概念。

广告在汉语理解中，译为"广而告之"。广告一词，源于拉丁文"advertere"意为注意、诱导、传播。后演变为"advertise"，其含义为"通知别人某件事，以引起他人的注意"。而广告专指一系列广告活动并广泛流行，则源于英国开始进行大规模的商业活动。网络广告，就是指在互联网上开展的广告活动，具体是指广告主利用专业的广告横幅、文本链接、多媒体的方法，在互联网刊登或发布广告，向目标群体进行有偿的产品或服务信息的推销，通过网络传递到互联网用户的一种高科技广告运作方式。不同于传统广告，它强调的是互动与双向沟通。网络广告不仅停留在推销产品、促成交易的纯商业行为之上，同时其所依赖的网络的互动特征构建了企业与消费者之间的桥梁，帮助企业更好地了解消费者的需求，为其提供满意的服务，消费者在访问与交流中提升了对企业的好感度，并由此产生强烈的认同感。

---

① 鲍泓，谢刚. 网络营销［D］. 上海：华东师范大学，2014.

(2) 网络广告类型。

随着网络技术的发展、网络媒体的丰富，网络广告也以多种形式呈现，为企业的产品和服务宣传提供更多选择，也为企业的产品推广和品牌创建发挥更多作用。主要包括以下：

①横幅广告。横幅广告是网络广告最早采用的形式，也是目前最常见的形式。横幅广告又称旗帜广告，它是横跨于网页上的矩形公告牌，当用户点击这些横幅的时候，通常可以通过点击链接到具有广告内容的网页。横幅广告可以为静态横幅、动态横幅或者互动横幅。

②文本链接广告。文本链接广告是以文字链接的广告，就是在热门站点的网页上放置可以直接访问的其他站点的文字超链接，通过热门站点的访问，吸引一部分流量点击文字链接从而访问具有广告内容的站点。

③按钮广告。按钮广告也称为图标广告，这是网络广告最早的和常见的形式。按钮广告是从横幅广告演变而来的，通常是一个链接着公司的主页或站点的公司标志，并注明"click me"字样，希望网络浏览者主动来点选。它的特点，在于面积较小，应用范围灵活。

④电子邮件广告。电子邮件广告是指通过互联网将广告发到用户电子邮箱的网络广告形式，它针对性强、传播面广、信息量大。电子邮件广告大致可以分为三类：第一，直接发送；第二，搭载发送的形式，如通过用户订阅的电子刊物、新闻邮件和免费软件以及软件升级等其他资料一起附带发送；第三，网站使用注册会员制，将客户广告连同网站提供的每日更新的信息一起，准确送到该网站注册会员的电子信箱中。

⑤插播式广告。插播式广告是指用户在浏览网页时强制插入或者弹出的广告。

⑥定向广告。定向广告是指按照人口统计特征，针对指定年龄、性别、浏览习惯等的受众，根据用户偏好对其投放感兴趣的广告。定向广告可以按访问者的行业、地理区域、职务等选择不同的广告出现，根据一天或一周中不同的时间出现不同性质厂商的广告，根据用户所使用的操作系统或浏览器版本选择不同广告格式，精确定位广告受众，提高广告效果。

⑦富媒体广告。富媒体不是一种具体的互联网媒体形式，它包含下列常见的形式之一或者几种的组合：流媒体、声音、Flash 以及 Java、JavaScript DHTML 等程序设计语言。富媒体是伴随技术的进步而产生的，人们将这种具备声音图像、文字等多媒体组合的媒介形式统称为富媒体，用这种技术设计的广告称之为富媒体广告。常见的有游戏广告、声音广告、Flash 广告等。

⑧其他广告类型。网络平台的媒体形式丰富多彩，网络广告的类型也很繁多，如视频广告巨幅连播广告、翻页广告、漂浮广告、论坛版块广告等。网络广告的载体基本上是多媒体、超文本格式文件，图、文、声、像并茂。网络广告策划中选取适合的网络广告形式才能吸引消费者，提高点击率。

(3) 网络公共关系。

在网络公共区域传播大量的有说服力的材料，促进用户与企业之间、企业与企业之间，以及企业内部与公众之间的相互理解和相互适应，提高组织知名度和美誉度，树立良好的组织形象，促进组织目标实现而进行的一种有组织的活动。

 扩展阅读

麦当劳网络公关营销

加拿大有一个名为"our food, your questions"的麦当劳社区，这是麦当劳在加拿大开设的一个可以询问关于麦当劳问题的社区，这个社区可以说将麦当劳开放的态度展示得人尽皆知。在2012年的时候，有人在这个社区中问了一个刻薄的问题：为什么在快餐店中的汉堡与麦当劳广告中的汉堡不一样？它为什么没有广告中看起来诱人？对于这个问题，麦当劳是如何回答的呢？它们为此拍摄了一个视频，在这个视频中详细记录了广告中的汉堡是如何一步步制作出来的，包括看起来垂涎欲滴的番茄汁是如何用针筒一点点弄上去的，包括后期专业的PS是如何处理的。这段视频上传到优兔（YouTube）后，立刻引起关注，并迅速获得超过400万次的浏览量。大部分人看了这段视频并没有责怪麦当劳，反而为麦当劳的开放、坦诚做出高度评价。

打开"our food, your questions"网站，你还会看到许多可能不那么友善的问题，如"你们的松饼中使用的鸡蛋是真鸡蛋吗？""你们使用的牛肉有添加剂吗？"对于诸如此类的问题，麦当劳毫不回避，而是用心解答。正因为这种开放、坦诚的态度，麦当劳使消费者有种归属感，给了他们品牌属于自己的感觉。当然麦当劳的这种开放在全球皆如此，近期它在中国推出的后厨开放计划便是其开放的一部分。

通过互联网的手段，实现面对面地与顾客进行沟通并答疑解惑。由于其诚恳的态度和真实的沟通，尽管麦当劳经常被诟病为"垃圾食品"，但并不影响麦当劳在很多人心目中良好的企业形象。

资料来源：社会化时代，请将品牌还给消费者[EB/OL].https://socialbeta.com/t/brands-consumers-2013.html。

2. 社交媒体广告。

（1）社会化营销的概念。

社会化营销被解释为：新兴的以网络人际关系为核心的社会化网络与传统的论坛相结合，构建的更为强大的网络社区。像脸书（Facebook）、推特（Twitter）、豆瓣、新浪微博就是社会化营销经典媒介。

（2）社会化营销的理解。

从上述解释中我们不难看出：社会化营销不是单工具的应用，它是很多网络营销工具的组合应用，其目的是为了构筑网络上的人际关系网。目前国内最常见的社会化营销工具包括博客和微博、维基播客、论坛、社交网络（SNS）和内容社区这几大类。利用工具不是目的，最终目的是架设关系网络，它的理论基础是150理论和六度分隔理论。

（3）社会化营销的过程。

社会化媒体营销研究者晏涛为社会化营销总结了战略矩阵10字法则：布点、连线、成面、引爆、监测。

①布点。社会化营销的核心是基于用户社会化属性，而用户总是以爱好、兴趣为纽带，形成群体社区，所以企业要锁定用户群，根据他们经常聚集的地方筛选最适合自己的社会化媒体，这称为选点，而布点则是对选好的点进行了解，让自己的团队了解熟悉这类平台的特点、规律和用户的习惯。

②连线。连线是将之前选好的平台有机地结合起来，这样"全套服务"就是为了利用各个媒体点连接起来形成线，更好地传递给用户。所以连线是社会化媒体营销的第二步，如目前比较常见的全媒体传播。

③成面。基于前面的布点和连线之后，成面是水到渠成的，只是这张成面的网，网口是大是小就与该过程的执行力相关了。在每一个点上做得越细致，连线越多，网就越密集，这样也可以最大限度地"网"住用户。

④引爆。引爆是企业最后要做的事情，引爆的目的是让企业的品牌或服务能够迅速传播。当把一群人聚集在一个圈子里，人多就会发酵，发酵就会有讨论，讨论就会有话题，所以企业要做的就让自己的产品或服务以好的形象包装起来推送给用户，让用户去讨论，并在适当的时候"煽风点火"，适当时候降温加水。引爆需要创意，需要懂得他们的方式，需要结合用户的心理来策划来引导。

⑤监测。社会化营销不可或缺的一部分就是舆情监测，因为社会化媒体自由但不易控制，容易成就一个品牌也容易引发一场危机。因此需要通过舆情监测工具来分析，及时地捕捉最新的舆情信息。

 扩展阅读

从《爸爸去哪儿》看社交媒体

说到2013年最火的娱乐节目，除了"好声音"第二季之外，莫过于横空出世的《爸爸去哪儿》了。《爸爸去哪儿》是一档明星亲子真人秀节目，在经历了《快乐男声》对《中国好声音》第二季的惨败之后，湖南卫视对于这档节目的推广可以称为低调，然后谁也没想到《爸爸去哪儿》一经推出后收视率却急速飙升，成为同时段电视节目收视率的第一名。与之前不少娱乐节目在开播前就大力宣传不同，《爸爸去哪儿》在开播前几乎很少有人知道，但在10月11日——也就是第一集开播这天，《爸爸去哪儿》在社交网络上的讨论量突然直线上升，许多观看了这档节目的观众开始跑到社交网络上给它以好评，其他人看到这些好评后便去主动搜索，然后观看网络版，直至成为《爸爸去哪儿》的忠实观众——这便是口碑传播的最典型表现。当然在传播过程中,林志颖、田亮等明星在社交网络上的讨论同样带动了收视率的提升。

《爸爸去哪儿》的成功证明了在这个社会化媒体时代,内容为王这一说法并没有过时,尤其在社交媒体上,好内容带动的口碑传播依然是最好的营销。

(4)网络销售促进。

网络销售促进是指在网络上进行的鼓励购买或销售商品和服务的短期刺激活动。随着网络的发展,互联网的销售促进手段也有了更多的形式和花样。以天猫"双十一"为例,其销售促进的实现手段包括红包、购物津贴、折扣、定金、店铺券、全民开喵铺、盖楼大挑战、组队赢红包、赢心愿大奖等。在具体玩法上,天猫联动了阿里生态内各大生活服务场景App,包括支付宝、天猫、淘宝、优酷等,引导消费者使用淘宝账户登录App,并在App内"签到""打卡",进而获得红包和购物津贴。

 扩展阅读

小米手机网络营销开启其发展之路

在"网络化生存"演变成"网络化生活"的今天,互联网营销已经成为商业营销活动必不可少的一部分。小米手机的异军突起让"互联网思维"成为众多传统企业热议的话题。小米网络营销模式是小米手机获得成功的关键,而在小米网络营销中以模式创新最为重要。

一、社群营销

小米模式的核心是小米的米粉社群,也是经典的社群营销。别人先做硬件,小米先做软件;别人先做产品,小米先聚用户。在这两点上,小米与其他企业非常不同,小米在手机发布以前,用了一年的时间做软件(MIUI)。通过软件,在小米手机尚未问世前,先有了50万名用户。此外,小米论坛已经拥有千万级用户,是小米的第二实验室。小米以论坛为平台与企业研发部门高效对接。在产品的创新上,粉丝的权力很大,他们有权决定产品的创新或者功能的增减。同时小米构建了一个线上线下的粉丝沟通体系。除了线上小米论坛、微博和微信等社交媒体的类型,小米还为米粉提供了线下的舞台,让他们参与进来。"小米同城会"用线下聚会让虚拟的网友变成现实中的朋友。而小米官方也会每两周举办官方版活动,出动工程师与用户进行面对面的交流。这并不是米粉们最大的活动,因为还有更加声势浩大的"米粉节",米粉的狂欢派对,雷军会出席与大家分享新品沟通感情。

二、内容营销

小米是内容营销的一把好手。内容营销的关键有三:一是拥抱目标用户正在使用的新兴媒介;二是内容要生动有趣,有吸引力,能和产品属性恰当连接;三是能够让受众参与并自主传播。2019年在"红米Note7"发布之际，小米在抖音上开设首个"抖音快闪店"，作为首发及预售阵地。小米还为"红米Note7"在抖音上打造了"小金刚能不能活过这一集"系列趣味短视频。"小金刚"是"红米Note7"的内部代号，视频通过对"小金刚"进行狂踩、狂摔、倒水等暴力测试，来体现"品质杠杠的"诉求点，内容诙谐生动，引发了用户的大量模仿视频。为了宣传这一系列短剧，雷军更是贡献出了自己的抖音首秀，这个视频点赞数达到77.9万条，评论数超过4.5万条。

三、IP合作

IP合作营销其实就是将品牌与IP结合在一起，通过持续的内容输出，塑造出更具有人格化特点和价值内涵的品牌形象，以吸引消费者的关注。

小米曾经发布一款和大英博物馆联合设计的"小米MIX 2S艺术特别版"，这部特别版手机，主体外观、操作系统主题和外包装均采用了大英博物馆的一款16世纪馆藏马约里卡陶器，一位侧身凝思的少女凝神注目着一条印有哲学寓意文字的卷轴，散发着古老的智慧之光，示意人们不断追求，永不停止。这款手机一下子为小米的品牌形象注入了艺术感和身份感，一定程度上对冲了"性价比"定位形成的低端形象。

资料来源：小米网络广告案例分析［EB/OL］. https://www.sohu.com/a/443787801_120721190。

本章小结

在实际的营销策划过程中，在战略层次上所运用的营销理论主要包括整合营销传播理论、关系营销理论，以及网络营销理论。这三个理论都要求营销人员在整体上对整个营销方案进行规划。

整合营销传播主要是围绕一个核心的主题来进行各个平台资源的配合以及营销策略的实施。整合营销传播的重点在于各个营销手段必须发出"同一个声音"。整合营销传播在操作的过程中必须注意各个媒介的配合、呼应以及互动。关系营销主要在于与重要的利益相关者建立持续性的关系，其终极目标在于顾客满意和顾客忠诚。在战略的层面上，以创造共同的价值为主，进而推动营销计划的执行，使得各个利益相关者都能够从其中获利。

在互联网时代，网络营销赋予了传统营销新的特征和做法。熟悉并掌握各种媒介的运作机制以及各个媒介创意的潜力是网络营销成功的关键。在核心内容上，网络营销与传统营销类似，但在外在的表现形式上，网络营销有其独特的特点和做法。

【思考题】

1. 整合营销传播的实施要点是什么？
2. 网络营销主要拥有哪些手段？
3. 关系营销是如何发展而来的？
4. 整合营销传播理论与关系营销理论之间的关系？
5. 请列举一个例子，来探讨整合营销传播的整合性体现在哪里？

第三章
营销策划的创意

【学习目标】
- 掌握营销策划创意的概念
- 熟悉营销策划的创意方法
- 了解营销策划的过程

营销策划是一种创新行为，要智慧，要创新，就要把创意贯穿于营销策划的过程之中。创意成功与否是营销策划能否取得成功的关键，从某种意义上说，创意是营销策划的灵魂。要正确理解营销策划中的创意，我们首先就必须了解什么是创意。

第一节 营销策划的创意概述

一、创意的概念

自从人类诞生以来，创意就与我们的生活紧密结合起来，人类的生活充满了创意，同时人类的发展也离不开创意。小到故宫的文创产品开发，大到造纸术的发明、港珠澳大桥的建造，这些无不体现人类的智慧和创意。

所谓创意，是指人们在经济、文化生活中产生的思想、点子、主意、想象等新的思维成果，是一种创造新事物、新形象的思维方式和行为。它包括两层意思：一是指创造欲望，是人们心理上的一种强烈的发现问题和解决问题的冲动；二是意想不到的能带来效益的解决问题的方法，也就是创造性组成的一连串的"点子"。创意是人类智慧的表现，在现实生活中，无论是文学、绘画、音乐、舞蹈、体育、政治、教育、经济等，几乎任何方面，一切都离不开创意。

二、创意的特点

创意作为一种思维方式，有其自身特点，主要表现在以下方面：

（一）积极的求异性

创意思维实质是求异思维。求异性贯穿于整个创意形成的过程之中，表现为对司空见惯的现象和人们已有的认识持怀疑、分析和批判的态度。并在此基础上探索符合实际的客观。

（二）睿智的灵感

灵感是人们接受外界的触动而闪现出的智慧之光，它是在人们平时知识积累的基础上在特殊情况下受到触动而迸发出来的创造力。灵感是随机迸发的，并非刻意乞求的。但灵感是思维的积累，有知识、材料的积累，才有灵感的迸发。灵感产生于有准备的头脑。

（三）敏锐的洞察力

敏锐的洞察力是创意者提出构想和成功解决问题的基础。缺乏洞察力就会遗弃和漏掉大量的创意资源。策划人的洞察力，是把握营销策划进程的重要手段。如果缺乏对市场、商品、消费、竞争等趋势的洞察力，策划者就可能做出毫无价值的策划。

（四）丰富的想象力

想象是表象的深化，想象力是人们凭借感知而产生的预见与设想。想象力是发展知识的源泉，也是推动创意发展的源泉。想象力包括联想、设想以及幻想，它是思维无拘束的自由驰骋，也是智慧的发散和辐射。想象力应该奇妙。只有出奇，才能在"山重水复疑无路"时，"柳暗花明又一村"；只有美妙，才能产生具有诱惑力和色彩斑斓的世界。

三、营销策划的创意

营销策划是根据企业营销的历史、现状来谋划未来的行为，是一种创新行为。创意成功与否是营销策划是否出新的关键。营销策划创意是指在策划中，利用系统的、整合的方法，加上各种巧妙的手段进行的策划活动。营销策划创意是对整个活动从构思到实施、从酝酿计划到统筹安排的一个完整过程，使自己的策划活动能尽量不同于别人的策划活动，显示出自己的某种创造性、独特性和新颖性，使策划活动产生较大的效果，从而得到满意的实际效果。

策划创意是策划运行中的最高层次，不言而喻，它有一定的难度，它不但需要策划人具有广博的知识，再加上敏锐的眼光、灵活的思维、独特的见解等，而且还需要有能产生策划活动效果的专业知识。如营销知识、新闻知识、广告制作的专业知识、操作技术等。策划创意切忌脱离经营或营销的实际，而只从纯粹的形式上、理论上、艺术手法上、表现手段上去展开，其自始至终要围绕企业的实际情况展开。策划创意就如同在科学理论中要有新的发现，那么前提是必须掌握一定的基础知识。若策划人不具备深厚的综合专业知识、良好的素质修养，只凭自己主观的臆想、空想，是不可能有好创意的。创意来源于对生活的积累。创意要求创意者深入观察生活、积累资料、提高知识素养，文学、美学、经济学、管理学、工艺学、结构学、物理和化学等方面的知识都要涉及，处处留心、事事思考、日积月累、厚积薄发。

第二节　营销策划的创意方法

营销策划创意是策划人创造性的思维活动，是一种创意活动。用于策划创意的思维方法有很多，下面主要介绍几种常用的创意方法。

一、发散思维法

发散思维，又称辐射思维、放射思维、扩散思维或求异思维，是指大脑在思维时呈现的一种扩散状态的思维模式。它是思维主体针对某一思维对象，充分发挥自己的想象力，从一个目标或起点出发，突破原有的知识圈，重组眼前的信息和记忆系统中的信息，从不同的角度、方向和关系去思考问题，提出各种设想，寻找各种途径，多方面、多层次地寻求解决问题的答案和方法。它表现为思维视野广阔，思维呈现出多维发散状，如"一题多解""一事多写""一物多用"等。

发散思维法是创意方法中的核心方法，它可以从材料、功能、结构、形态、组合、方法、因果、关系八个方面为"发散点"进行具有集中性的多端、灵活、新颖的发散训练，以培养创造性思维的能力。

二、逆向思维法

逆向思维法是指人们为达到一定目标，从相反的角度来思考问题，从中引导启发思维的方法。人们习惯于沿着事物发展的正方向去思考问题并寻求解决办法。其实，对于某些问题，尤其是一些特殊问题，从结论往回推，倒过来思考，从求解回到已知条件，反过来想或许会使问题简单化。

逆向思维法改变了人们固定的思维模式和轨迹并提供了全新的思维方式和切入点，这无疑拓宽了创意的渠道。例如，英国出名小说家毛姆成名前，生活极其贫苦，虽然他出版了一部非常有价值的书，可是出版后却没有人看。为了引起人们的注意，毛姆别出心裁地在各大报刊上刊登了如下征婚启事："本人喜欢音乐和运动，是个年轻又有教养的百万富翁。希望能和毛姆小说中的女主角完全一样的女性结婚。"几天之后，全伦敦的书店，毛姆的书一下子就脱销了。[①]

[①] 赵路，等. 广告理论与策划[M]. 天津：天津大学出版社，2004：30.

三、类比思维法

类比法就是通过对两个对象之间某些方面的相同或相似进行比较分析，从而推出这两个对象其他方面的相同或相似的方法。类比法是人们通过对各种不同事物进行类比，将会不断产生新颖的创造性设想，获取更多的创造成果。

美国麻省理工学院的 W. J. 戈登教授把创造过程的类比分成四种类型：

（一）直接类比

直接类比是针对研究对象，从自然界或已有的成果中寻找与之相类似的事物、技巧、知识和原理等做比较，从中得到启发，进行联想，提出解决问题的思想、方法、原理等，完成创造。知识、经验越丰富，创造水平越高；类比对象与研究对象的本质特征越接近，则成功率越大。

（二）拟人类比

拟人类比也称感情移入或角色扮演。把创造发明的对象或者某个因素人格化，假如自己是该对象或因素时，在该种情况下会如何办。如机器人踢足球就是模拟踢足球的运动员。

（三）象征类比

象征类比是借助具体的事物形象和象征符号来比喻某种抽象的概念或思想感情的类比。象征类比是直觉感知的，针对需要解决的问题，用某种概括、抽象的形象、符号或句子来表达和反映问题的本质，使问题关键显现并简化；寻找具有与象征形象或符号相类似的事物作为类比物，进行类比联想，提出解决问题的方案。

（四）幻想类比

幻想类比就是将幻想中的事物与要解决的问题进行类比，由此产生新的思考问题的角度。借用科学幻想、神话传说中的大胆想象来启发思维，在许多时候是相当有效的。如"007电影"中无人驾驶技术的实现、科幻片中的互动投影等。

四、组合创造法

组合创造法是指将多种因素通过建立某种关系组合在一起从而形成组合优势的方法。组合创造法是现代生产经营活动中常用的方法。例如，市场营销过程是产品、价格、分销、渠道、促销等可控因素的组合；营销观念中的产品是核心产品、形式产品和附加产品的组合。组合的基本前提是各组成要素必须建立某种关系而成为统一体。没有规则约束即为堆砌，有了规则约束才会形成新的事物。组合可以是原理组合、结构组合、功能组合、材料组合、方法组合。不论什么组合都要考虑两点：一是其能否组合;二是组合的结果是否优化、是否有更佳的效果。

五、联想思维法

联想思维是指人脑记忆表象系统中,某种诱因导致不同表象之间发生联系的一种没有固定思维方向的自由思维活动。主要思维形式包括幻想、空想、玄想。其中,幻想,尤其是科学幻想,在人们的创造活动中具有重要的作用。在创意过程中,联想思维是思路由此及彼的连接,即由所感知或所思考的事物、概念和想象的刺激而想到的其他事物、概念和现象的心理过程。

(一)以万物为师

(1)以动物为师,向动物学习,借鉴动物的各种特征如形态、生理、习性、行为等,用于相关问题的解决。

(2)以植物为师,向植物学习,借鉴植物的各种特征如形状、用途、组织、结构、成分等,用于相关问题的解决。

(3)以人类为师,向人类学习,借鉴人类的各种特征如结构、形态、习性、行为等,用于相关问题的解决。

(二)以细微为由

1. 以形状为师。

由不同形状特点引发联想,解决问题,产生有价值的创意。生活中最常见的厕所标志,一般以文字或者男女简笔画的图表达,但是如何有创意设计标志,让不识字或者看不见的人都能知道,它可以根据形状联想,可以是平面设计,也可以是立体设计,触摸感知,让人一目了然。

2. 以结构为师。

不同结构的特点、功能、作用是不一样的,可以解决的问题也是不一样的。车轮是圆形,利用了圆周上各点到圆心距离相等以及滚动摩擦较小的性质,使得车子可以平稳、快速前进;蒙古包为天穹式,呈圆形,圆的受力四周是一样的,在大风雪中阻力小,在地震中也不会变形,顶上又不积雨雪,寒气不易侵入,是非常安全的住所;圆形在传热学上讲,更能节省能源,因为圆形是放热最少的形状,为什么保温杯通常都是圆形的就是这个道理;圆形以它柔美、对称的线条,成为每个人心中最完美的事物的代表,在平面、图形设计中大量运用。

 扩展阅读

福　道

福道,是福建省福州市的城市森林步道,它是"森林城市"中的"林冠之路"。

一个可健身、可休闲、可赏花、可吸氧的好去处；这也是老少皆宜的流动观景台，提供了登高远眺、俯瞰城市的视角。对于如今满布钢筋水泥的城市，像这样以自然山水为主题的景观显得弥足珍贵。

图 3-1　福道弯弯

　　福道全线长 19km，共 10 个入口。比较热门的入口包括：1 号入口（象山隧道入口），3 号入口（梅峰山地公园入口），5 号入口（金牛山体育公园入口），7 号入口（西客站入口）等。福道采用钢架栈道，镂空桥面，轻盈通透，蜿蜒于树林顶端；依山而建，九曲环绕，宛若游龙，穿梭在天地之间；夜幕降临，万籁俱寂，灯带闪烁，勾勒出群山轮廓。此设计获得 2017 年国际建筑大奖和 2018 年新加坡总统设计奖。

　　文字来源：祁佳. 弥异所071：福州福道［J］. 城市设计，2020（3）：68-69；图片来源：陈成才. 福道弯弯［J］. 政协天地，2020（9）：33。

3. 以功能为师。

　　早些年，人们对用煤油代替汽油在内燃机中使用一直持怀疑态度，因为煤油不像汽油那么容易汽化。后来，有个人看到一种红色叶子的野花，能够在早春季节的雪地里开放。由此他进行了大跨度的联想：因为煤油吸收热量比汽油慢，所以煤油不像汽油那样容易汽化。野花能依靠红叶子在微寒的早春雪地里快速地吸收热量而存活，如果把煤油染上红色，也许会像红叶那样更快地吸收热量。经过试验之后，结果正如他所料，煤油汽化的难题解决了。这样，煤油就可以同汽油一样在内燃机中使用了。

扩展阅读

纸 教 堂

纸教堂，一个充满神奇的名字。它都是用纸做的吗？它怕雨淋吗？纸教堂位于我国台湾南投埔里的桃米生态村。纸教堂静静地坐落在山谷水畔间。它宛如一盏希望之灯，给人以温暖，激发人们的梦想。在这片蝶飞、蛙鸣、鸟唱的生态美地，是您与家人、好友重温创造各种幸福时光的理想所在。纸教堂，一座独特的纸管建筑。据了解，纸教堂的纸管都是用高密度牛皮纸一次成型，一根纸管可以承重6.9吨，这是一个令我们无法想象的结构。它串联了日本阪神和我国台湾两次地震，陪伴震后重建的人们勇敢地站起来。

图3-2 纸教堂外观

图 3-3 纸教堂内部

1995年，日本阪神地震造成神户市长天区野田北部70%的屋舍倒塌。在国际著名建筑师坂茂的奔走下，300多位义工投入纸教堂的兴建。它打破了族群，跨越了宗教，是日本社区重建过程中人与人之间的桥梁。

2005年，我国台湾地区重建区的社区访问团，参加阪神地震十周年纪念活动，得知纸教堂完成阶段性任务后即将拆除移建。访问团团长，也是台湾"新故乡文教基金会"董事长廖嘉展先生即提出将纸教堂移建台湾，作为两地赈灾重建交流的中心，并获得日方的同意与支持。2008年，漂洋过海的纸教堂，在南投埔里桃米生态村新故乡见学园区完成移建工程。它以新生的魅力，展开新的生命，承载新的梦想。在"921"地震后的重建时代，纸教堂持续扮演社区重建、社区产业、生态社区和社区营造的良性交流平台。走进纸教堂，飘逸的墙上贴满了人们的美好祝福。

文字来源：台湾纸教堂风雨中经受考验 [N]．海峡导报，2011-02-01；图片来源：徐知兰．台湾纸教堂 [J]．世界建筑，2014 (10)：34-39。

第三节 营销策划的创意过程

营销策划的创意过程是一个复杂的系统工程，必须有一个路线图。从策划工程的背景、问题点、策划实效，探寻策划的运行途径、作业流程，明确应该如何推进，如何走，最终能带来什么效果。营销策划的创意过程具备如下步骤：

一、明确目标

营销策划创意者必须弄清委托者的本意、要求并从中提炼出主题,把有限的时间与合作者的智慧汇聚其中,避免产生歧义或南辕北辙。

二、收集和整理信息

一个好的营销创意往往是从"收集和整理信息"开始的,营销策划人在创意之前,往往会围绕策划的目标和主题,通过不同途径收集和整理大量的资料和信息,在这个过程中策划人带着问题去思考,就会有千千万万个创意涌现出来。可以这么说:信息的收集和整理过程往往就是我们灵感喷发的过程。当然,一个策划案并不是只能容纳一个创意,而是可以同时容纳几个策划创意。此外,针对一个策划主题,往往不只做一个策划案,还可能做出多个策划案来。在这个阶段,要特别注意以下几个问题:

(一)信息要自己亲自去收集和整理

信息从收集到整理都是一件辛苦的工作,但是信息的整理必须得靠自己亲自动手,这是一个不变的原则。它的理由是资料收集者必须正确地整理资料,而且在整理资料的过程中,可重新检查一遍所收集的资料。因此,对信息的感觉便会愈加敏锐,往往会产生意想不到的策划创意。

(二)信息收集要全面,整理信息要及时

现实生活中,因为信息不全面造成决策失误的例子非常多。这就要求我们在进行营销策划时,收集的信息除了真实外,也要全面。片面的信息往往使我们的创意没有实际价值。我们除了要收集积极的信息,也要收集负面信息。

除此之外,信息收集上来之后要及时处理,信息处理越及时,信息的感知度越高,就越能看清一切。同时及时处理信息有助于我们形成更好的创意。

三、分析环境

企业的内外部环境是进行创意的依据,因而要透彻分析企业的内外部环境,以引发出合乎环境的正确创意。一般来说,企业的外部环境包括政治环境、经济环境、社会和技术环境等;企业的内部环境包括生产状况、经营状况、管理状况等。

四、寻找创意线索

创意者要将收集与整理的信息进行加工处理,在对企业内外部环境分析的基础上,对已有的信息进行加工,试着设计策划主题。在策划主题设定完毕后,主要以创意构

成策划。构成策划核心的创意来源是需要想方设法收集创意线索。不管创意有多么丰富，如果不能将其纳入实际策划案中，转化为可能实现的创意，便不能称之为创意。构成策划的创意构想、构成创意的灵感启示，以及着眼点的探求方法，对策划者来说都是非常重要的要素。

五、产生创意

创意既是创意者灵感闪现的过程，也是一种可以组织，并需要组织的系统工作。引发创意一般要具备以下条件：灵敏的反应能力、卓越的图形感觉、丰富的情报信息量、清晰的系统概念和思路、娴熟的战略构思和控制能力、高度的抽象化提炼能力、敏锐的关联性反应能力、丰富的想象力、广博的阅历与深入的感性体验、多角度思考问题的灵活性以及同时进行多种工作的能力等。

六、制作创意文案

创意文案或称创意报告可分为以下几个部分：

（一）命名

命名要简洁明了、立意新颖、蕴涵深远、画龙点睛。

（二）创意者

说明创意人的单位及主创人简况。注意适度地体现创意者的名气与信誉，使人产生信赖感。

（三）创意的目标

突出创意的创新性、适用性，目标概述的用语力求准确、肯定、明朗，避免概念不清和表达模糊。

（四）创意的内容

说明创意者的创意依据、对创意内容的表述，创意者赋予的内涵及创意的表现特色。

（五）费用预算

列出创意计划实施所需的各项费用及可能收到的效益，以及围绕效益进行的可行性分析。

（六）参考资料

列出完成创意的主要参考资料。

七、总结

创意文案付诸实施后半年或一年要进行总结,对执行文案前后资料进行对比分析以总结经验、吸取教训。

第四节 营销策划创意培养与开发

创意活动是一种高智能的脑力活动,创意的产生需要创意者具有丰富的知识和优秀的个人素质,这对创意者提出了非常高的要求,为了适应创意活动的要求,需要创意者采取一定的措施,有意识地培养和提高自己的创新意识和创新能力。

一、培养创意意识

人的创意意识有习惯性创意意识和强制性创意意识之分。习惯性创意意识是指不需要主体意识主动的、特别的干预就能有效地支配人的创意活动的意识。这种创意意识一经形成,就具有稳定持续的特点,因此要从小培养。强制性的创意意识是指创意意识的产生必须有主体意识的强制性干预而形成的创意意识,它受创意主体目的性支配,当创意活动的目的性达到后,这种创意意识多归于消灭。培养创意意识要从培养习惯性创意意识和强化强制性创意意识两个方面着手。

(一)培养习惯性创意意识

习惯性创意意识的培养要从小抓起,注意开发右脑,注意从品格上加以磨炼。
1. 开发右脑。

人脑有左右两个半球,一般认为,左脑主司逻辑思维,表现为语言、运算功能,右脑则主司形象思维,表现为形象识别、艺术鉴赏等。开发右脑,即是开发人的创造性思维的核心。开发右脑就是多做一些与形象思维有关的活动,即要多用右脑。
2. 品格磨炼。

创意性品格是一种稳定的心理品质,它一经形成,就可以激发创意意识的持续延展。创意性品格包括:尊重知识、崇尚科学、仰慕创意的品质;勤于思考、善于钻研、敏于质疑的习惯;勇于探索、刻意求新、独树一帜的创新精神。

(二)强化强制性创意意识

强制性创意意识的培养途径有外部强制和自我强制之分。
1. 外部强制。

外部强制是指一切由外部因素激发的创意意识,如上级布置的指令性课题、领导委派的开发任务等。对于具有一定的敬业精神和责任感的人来说,外部强制可以在一定时期内保持其旺盛的创意意识。

2. 自我强制。

自我强制是由自我需要的目的性而引发的创意意识。自我需要的目的性既有经济利益的需要，如为获取奖金、转让费等而强制自己去创意；也有个人显示心理的需要，如要借此显示自己的才能，认为发明创造是一种享受，可以满足心理上的成就欲和成功感，故强制自己去创意；更高境界的则是宏伟的抱负和崇高理想的需要，从而激发创意意识。

二、训练发散思维

在实践中，创意的思维方式运用最为普遍的就是发散性思维方式。发散性思维，又称扩散性思维、辐射性思维、求异思维。它是一种从不同的方向、途径和角度去设想，探求多种答案，最终使问题获得圆满解决的思维方法。营销策划创意中，往往通过产品本身的功能、结构、形态、材料等作为发散点，去寻找创意。具体的方法就有充分发挥人的想象力，淡化标准答案的约束，鼓励人们从不同的角度多个方面来进行思维，从而打破常规的做法，削弱思维定式，还要对问题或事件进行大胆质疑，更加要学会反向思维的方法。

发散思维是不依常规，寻求变异，对给出的材料、信息从不同角度、向不同方向、用不同方法或途径来分析和解决问题。一题多解的训练是培养发散思维的一个好方法。它可以通过纵横发散，使知识串联、综合沟通，达到举一反三。

三、学会观察生活

创意来源于生活，创意者要想在生活中激发自己的灵感，产生创意思维，首先就要从日常生活中去体验，去挖掘。现实中的生活丰富多彩，给予了我们太多的遐想。通过对现实生活的仔细观察，可以开拓创意者的眼界，使创意者的思想不断得到升华和提高，想象力也更加丰富，同时也有利于创意者学会用多角度去思考问题，多向思维才是高质量的思维。只有尽可能多地给自己提一些"假如……""假定……""否则……"之类的问题，才能强迫自己换一个角度去思考，想自己或别人未想过的问题。因此，创意的第一个基本动作是"观察"。当你看到的东西不一样，你想的东西也就与众不同。"观察"不是天赋，而是一种耐心的训练，必须经过长期有意识的练习才行。观察力的训练，没有捷径，必须给自己设定强迫性的"观察"的课程。一个策划人应随时利用机会，锻炼自己的观察能力。

四、激发灵感，提高想象力

灵感是人类心灵深处的一种体验。人的思维有理性状态和非理性状态之分，理性状态是思维由主体意识支配的状态，是一种有控状态；非理性状态则相反，可称之为无控状态。灵感是人在非理性状态条件下,由于外界的触发而在人的心灵中产生突如其来的感觉。

灵感的触发是与丰富的想象力分不开的,人们要获取灵感就要提高想象力,想象力是创造性思维的核心。提高想象力的途径主要有:

(一) 排除想象的阻力

想象的阻力是指一切创意障碍。包括外部环境障碍,如失去了创意的前提条件如资金、科研立项等;非智能障碍,如怠惰、涣散,就不会去想象;智能障碍,如思维定式等,排除想象的阻力,就是要克服外部环境、智能和非智能障碍。

(二) 扩大想象的空间

这里所说的想象空间是指人的知识结构的质和量所形成的个体认识空间。一般而言,想象空间是没有边界的,但是每个人的想象空间则是有差别的,知识面广、素质高的人,想象空间大;相反者,想象空间小。因此,不断丰富各类知识、改善知识结构、提高知识水平,是扩大想象空间的根本途径。

(三) 充实想象的源泉

想象产生于人脑,人脑是想象的载体,知识积累则是想象的源泉,为此要充实知识,积累素材。

本 章 小 结

创意在生活中可以说是无处不在,它是指人们在经济、文化生活中产生的思想、点子、主意、想象等新的思维成果,是一种创造新事物、新形象的思维方式和行为。营销策划离不开创意,策划创意是策划运行中的最高层次,它不但需要策划人具有广博的知识、敏锐的眼光、灵活的思维、独特的见解,而且还需要有能产生策划活动效果的专业知识。营销策划的创意方法有很多,最常见的主要是发散思维法、逆向思维法、类比思维法、组合创造法和联想思维法。营销策划的创意也是遵循一定的逻辑顺序,具有一定的流程。策划创意者们需要采取一定的措施,有意识地培养和提高自己的创新意识和创新能力,这样才能策划出有创意的营销活动,吸引更多的消费者关注与购买,从而使企业获利。

【思考题】

1. 创意与营销策划创意的含义是什么?
2. 举例说明什么是联想思维法?
3. 制作创意文案包括哪些?

第四章
市场调研

【学习目标】
- 了解市场调研在营销战略制定中的作用
- 掌握市场调研的流程
- 掌握定性调研与定量调研的工具
- 了解调研数据分析方法与结论撰写要求

第一节 市场调研概述

收集与营销决策相关的任何事实的活动都可以被视为市场调研。营销大师菲利普·科特勒将市场调研定义为"系统地设计、收集、分析和解释数据资料,以及提出跟公司所面临的特定的营销状况有关的调查研究结果"。市场调研所获得的信息能够为营销战略的设计提供重要的参考依据。

一、市场调研的基本功能

市场调研作为营销信息系统的一个子系统,具有其独特的角色。通常,能够通过内部报告系统解决的问题就不需要做市场调研,但有许多问题是内部报告系统无法解决的,必须进行市场调研。市场调研活动具有三种基本功能:描述、诊断和预测。

(一)描述功能

这是市场调研最常见的功能,当企业对市场不甚了解的时候,可以通过市场调研来收集并陈述事实。如它可以反映一个行业的历史销售趋势,可以反映消费者对某产品及其广告的态度,可以知道目标消费群在性别、年龄、职业、生活方式等方面有没有变化,可以发现花了大笔资金做的促销活动究竟有没有效果。通过市场调研,可以获得市场信息的反馈,向决策者提供当前的市场信息和开展营销活动的线索。

(二)诊断功能

企业经常会遇到一些"怪现象"。例如,某公司采取了降价促销的措施,但降价以后销售非但没有上去，反而比降价前差了。该公司百思不得其解：消费者究竟是怎么想的？又如，某品牌的化妆品做了大量广告，但业绩欠佳，而其主要竞争对手鲜见广告却销售喜人，问题究竟出在哪里？当企业对一些现象不理解的时候，通过市场调研可以进行解释和诊断，帮助企业了解当前市场状况形成的原因和一些影响因素。

（三）预测功能

当企业对某项决策判断犹豫不决的时候，可以通过市场调研收集企业过去的信息来推测未来可能的变化，从而发现未来可能出现的机会和风险。例如，新产品开发是一种投资行为，其投资回报率如何必须事先弄清楚，即进行可行性研究，预测谁会购买新产品？有多少人会购买？他们对该品牌是否接受？为什么接受或不接受？产品的价格应该定在哪个范围？通常，企业的每一项决策都意味着巨额的投入，市场调研可以使企业的决策理性化、科学化，从而降低决策失败的风险，更好地利用持续变化的市场中出现的机会。

二、市场调研在营销战略制定中的作用

市场调研的主要作用是提供明确的资料，以此来减少决策制定时的不确定因素，帮助管理人员作出营销战略及策略方面的正确决定。需要注意的是，市场调研的结果为企业决策提供了非常重要的依据，但绝不意味着市场调研可以准确地得出决策方案。

一项营销战略的制定包括四个步骤：确认及评估市场机会；进行市场细分并选择目标市场；设计并执行营销计划；分析营销绩效。在这四个营销战略制定的阶段，都需要以深入的市场调研为前提。

（一）确认及评估市场机会

企业在提出一项营销战略之前，必须明确经营目标，以及确定实现目标的方式。这就需要通过市场调研认清潜在的商业机会，从而确定公司发展的正确方向。

市场机会与市场环境的变化密切相关，通过市场调研，可以使企业随时掌握市场营销环境的变化，并从中发现企业的营销机会（如潜在的市场、新产品等），而为企业的经营发展带来新的机遇。

（二）进行市场细分并选择目标市场

制定营销战略的第二步是进行市场细分和选择目标市场。没有哪家企业可以满足每个人的需要，企业首先要选择一个自己感兴趣的产品市场，然后通过市场细分，把营销的焦点缩小到企业可能有竞争优势、甚至能发现突破性机遇的产品市场区域上。市场调研正是发现细分市场的一些特性和走势，并把它从整个市场中分隔出来的手段。

（三）设计并执行营销计划

利用上述两个步骤得到的资料，管理人员就可以设计并执行营销战略，即制定各

个方面的营销策略,包括产品策略、定价策略、分销策略和促销策略等,而这四大营销策略的制定也离不开市场调研。

1. 产品调研。

产品调研有很多形式,主要用来评估和推出新产品、测评商品和服务的质量,以及学会如何将新产品融入已有的生产线。观念测试就是让顾客对新产品提出建议,由此得出该产品的可接受程度和可行性。产品测试会得出产品模型的优势和弱点,决定制成品能否与其他品牌竞争,或者能否达到预期的效果。品牌评估研究主要是调研该牌子是否适合这个产品。包装测评主要评估大小、颜色、形状、方便性及其包装的其他功能,全面质量研究则是邀请顾客比较本企业产品和竞争产品的优劣。

2. 定价调研。

大部分企业会进行定价调研,研究竞争对手的价格是市场调研的重要组成部分。企业不仅要发现产品的合理价格,或者确定消费者是否会付出高于成本的价格,还需要研究什么时候该打折或赠优惠券,以及降低价格会对消费者带来怎样的影响;定价调研还需要回答一个产品系列是否在国内品牌、地区品牌中存在价格差距,以及消费者对价格的敏感程度如何等。

对于营销者而言,他们始终关心什么样的价格定位可以使企业的获利最多,以及价格促销能够带来什么好处。一些品牌如果盲目进行价格促销,可能影响品牌忠诚度的建立。面对不断变化的广阔市场,要想取得营销的成功,就必须持续评估目标市场的特点和变化。

3. 分销调研。

分销领域的研究主要包括选择零售点、仓库地址等,调研零售商、批发商的运作情况,以及他们对生产厂商的营销策略的态度和反应程度等,以便厂商及时把握营销渠道中各个环节的变化,建立长期有效的贸易关系。

4. 促销调研。

促销调研主要包括对有奖销售、优惠券等促销问题的研究,当然也包括对买方动机的研究、对媒体及广告效率的研究等。其中,广告方面的调研最为普遍。

(四)分析营销绩效

在营销战略执行以后,市场调研将帮助管理人员了解营销活动是否运行正常、能否实现预定的目标。即市场调研用于获得评估反馈,随时监测顾客需求和市场环境方面的动态变化,以便公司对现有战略和策略进行修订及调整。

营销经理大多数自行收集情报,他们经常通过阅读书籍、报刊和同业协会的报告等,与顾客、供应商、分销商或其他外界人士交谈,同公司内部的其他经理和人员谈话等来收集信息。一些经营灵活的公司会采取进一步的行动来改进其营销情报的质量和数量。一种是训练和鼓励销售人员去发现和报告新出现的情况;另一种是鼓励分销商、零售商和其他中间商把重要的情报报告给公司。当然,有些公司也会安排专业调研人员收集情报。例如,零售商可以派出"佯装购物者"在自己的商店为难营业员,以挑选商品和购买商品的方式来评估员工对待顾客的态度。

第二节　市场调研流程

市场调研是系统的计划、收集资料、分析和解释数据并最终得到调研结论的过程。已经确认要以市场调研结果为营销决策提供信息支撑，那么可以通过六大步骤完成调研过程：调研目标确立—二手资料调研—定性调研—定量调研—数据分析—结论撰写。

一、调研目标确立

调研目标是在充分了解营销问题背景的前提下，对管理者制定决策所需信息的重新表达。

案例

轿车经销商 A 在 C 市从事轿车代理经销多年，有一定的经营实力，商誉较好，知名度较高。但近两年来，C 市又新成立了几家轿车经销商，对经销商 A 的经营造成了一定的冲击，轿车销售量有所下降。为了应对市场竞争，经销商 A 急需了解 C 市居民私家车的市场普及率和市场需求潜力，了解居民对轿车的购买欲望、动机和行为，了解现有私家车用户有关轿车使用方面的各种信息，以便调整公司的市场营销策略。为此，经销商 A 要求市场调研部门组织一次关于 C 市居民轿车需求与用户反馈为主题的市场调研。

资料来源：龚曙明. 市场调查与预测 [M]. 北京：清华大学出版社、北京交通大学出版社，2005：76-80。

在以上案例背景的描述中，可以得到所在市场或领域、要解决的市场问题、调研参与机构或个人的相关情况等方面的信息，从中对管理者制定决策所需信息重新表达，形成明确的、清楚的调研目标，用以阐述需要解决的问题和调研要达到的目的；形成详细的、操作性强的调研内容，涵盖为实现调研目标需要了解的具体信息。

（一）调研目的

获取居民轿车需求与现有用户使用等方面的各种信息，为公司调整、完善市场营销策略提供信息支持。

（二）调研内容

（1）被调研家庭的基本情况；
（2）居民家庭是否拥有私车；
（3）用户车况与使用评测；
（4）私车市场需求情况调研；
（5）经销店商圈研究；

（6）竞争对手调研。

（三）进一步细化的调研内容

（1）被调研家庭的基本情况。主要项目包括户主的年龄、性别、文化程度、职业；家庭人口、就业人口、人均年收入、住房面积、停车泊位等。

（2）居民家庭拥有私家车情况。有无私家车、车的类型、品牌、价位、购入时间等。

（3）用户车况与使用评测。主要包括节油性能、加速性能、制动性能、座位及舒适度、外观造型、平稳性、车速、故障率、零配件供应、空调、内部装饰、售后服务等项目的满意度测评。

（4）私车市场需求情况调研。主要包括第一次购车或重新购车的购买愿望、何时购买、购买何种类型、品牌、价位的轿车；购买目的、选择因素、轿车信息获取等方面的测评。

（5）经销店商圈研究。主要包括本经销店顾客的地理分布、职业分布、收入阶层分布、文化程度分布、行业分布及商圈构成要素等项目。

（6）竞争对手调研。主要包括竞争对手的数量、经营情况和经营策略等。

明晰调研问题并确定调研目标与内容极为重要，但并不容易，需要完成大量的准备工作，如行业专家访谈、二手数据分析、前期的基于小样本的探索性调研、充分考虑所服务对象所处的环境及其历史信息等。

二、二手资料调研

二手资料（secondary data），也称为次级资料，是指既存的或由于其他目的已经收集好的信息资料和数据。二手资料是着手市场调研实施的第一步。与二手资料相对应的是一手资料（primary data），一手资料也称为原始资料，指的是研究人员就当前研究的项目而收集整理的资料。后文将介绍的定性调研与定量调研都是获取一手资料的方法。

根据二手资料获取的途径不同，可以分为内部二手数据和外部二手数据。

（一）内部二手数据

内部二手数据通常是调研对象企业持续性经营流程的一部分，如一个企业的财务记录、销售报告、生产或运营报告即为存备的二手数据与信息。例如，一家百货商店的收银凭据可能包含大量的信息：不同产品线的销售额、具体门店的销售额、不同地理区域的销售额、现金和信用卡结算的销售额、不同时段的销售额、不同订单的销售额，这些都为调研者提供了有价值的信息，也为一手调研的设计奠定重要基础。

（二）外部二手数据

从调研对象企业外部所获得的一切与调研相关的资料、数据与信息都被视为外部二手资料。根据公开程度，外部二手数据可以划分为公开信息与收费信息，前者是面向全社会公开发布的信息，一般不需花费或只付少量的费用就可以得到，如年鉴、报纸、学术刊物、网络上的免费资料等；后者指来源于以营利为目的的机构和组织的信息，如各种经济信息中心、专业调研机构、信息咨询机构（麦肯锡、波士顿、AC尼尔森）等所发布的行业调研结果，这些机构对所披露的调研数据收取较为高昂的费用，但可以为了满足不同调研者的不同需要，提供专业的、时效性强的信息咨询与检索服务。通常这一费用低于一手资料调研的费用。

常见的二手资料来源包含年鉴、学术刊物文献、专业咨询机构以及网络免费二手资料。它们的优劣势分别是：

（1）年鉴二手资料的优势是数据官方，较为权威；劣势是指标的涵盖固定，不一定能提供特定调研所需要的所有资料，行业年鉴的获取存在一定的壁垒。

（2）学术刊物文献二手资料的优势是专业性强，较为可靠；劣势是时效性弱。

（3）专业咨询机构二手资料的优势是权威的咨询机构资料采集科学可靠；劣势是收费昂贵。

（4）网络免费二手资料的优势是消息时效性强，资料数量庞大；劣势是资料的真实性、准确性需要考究。

（三）二手资料整理方案

根据内外部的二手资料的查询，可做如下整理：

（1）从统计年鉴、公开发布的网络信息中整理出与调研目标相关的区域经济状况、居民收入状况、政策情况、行业发展概况等。

（2）从各种经济信息中心、专业调研机构、信息咨询机构等处获取中微观层面的行业分布情况、竞争者情况等信息。

（3）从学术刊物文献中整理出与调研目标相关的专业领域概念、研究模型、主要研究方法、已经得出的主要结论与观点等，保证调研设计的专业性。

整理以上各种渠道获取的二手资料，可以切实地为一些营销问题提供解决方案，有助于明确或调整一手资料调研中的目标设置，也可以提醒调研人员注意潜在的问题和困难。在最终的调研报告中引用权威可信的二手资料与信息也可使报告更具有说服力。

三、定性调研

在进行二手资料调研获得与所面对营销问题相关的资料、信息与知识之后，着手进行一手资料调研。一手资料调研根据调研对象与调研方式的不同，可以分为定性调研与定量调研。

（一）定性调研的概念

定性调研是选定较小的样本对象，设计非结构化的开放式的问题，挖掘消费者的动机、态度、情感和行为特征，鉴别新的点子、想法，形成对一个调研问题的最初理解。

定性调研一方面是定量调研的基础，为定量调研工具的设计提供了丰富的要素；另一方面，定性调研使用的非结构化的问答方式能够挖掘受访对象的深度情感与思维，从而为定量调研所得到的统计结果作出解释，有助于更好地理解定量调研的结论。

（二）定性调研的方法

常见的定性调研方法有焦点小组访谈法、深度访谈法与投射法。焦点小组访谈法与深度访谈法是两种主要的直接调研方法，投射法在一定程度上掩饰调研项目的真正目的，是一种间接调研方法。

1. 焦点小组访谈法。

（1）焦点小组访谈法简述。

焦点小组访谈法，又称小组座谈法，它采用小型座谈会的形式，从所要研究的目标市场中挑选一组具有同质性的消费者或客户（8~12人）组成一个焦点小组，在一个装有单向镜和录音录像设备的场所，由一名经验丰富、训练有素的主持人以一种无结构的自然的形式与小组成员进行交谈，在市场调研中揭示消费者对服务、产品或实践的潜在需要、态度、感觉、行为、观念以及动机等。

焦点小组访谈法是帮助企业和咨询公司深入了解消费者内心想法的最有效工具，在产品概念、产品测试、包装测试、广告概念、顾客满意度、用户购买行为等研究中得到越来越广泛的应用。目前，随着网络的普及，也出现了在线视频焦点访谈法。

（2）焦点小组访谈法实施步骤。

①设计访谈大纲。

焦点小组访谈大纲应从前文所设计的调研目标与内容切入，细化设置若干有逻辑有条理、以层层深入的方式来提出具体问题，访谈大纲要求措辞口语化，对所提出的问题必要处要有回答提示，以便访谈主持人以循循善诱的方式，达到抛砖引玉的结果。

案例

面向学生的食堂满意度焦点小组访谈提纲

第一部分　学生食堂就餐满意度情况

1. 你们学校食堂给你的第一印象如何？
2. 你觉得食堂工作人员的服务态度如何？
3. 你认为你们食堂的就餐环境怎样？如阳光、通风、照明、餐桌餐椅等方面。
4. 看到食堂的消毒柜，你的第一反应是什么？你觉得食堂的卫生安全情况如何？如餐具、餐桌餐椅、员工的个人卫生习惯（口罩、手套、帽子等）或其他方面？
5. 你对食堂提供的饭菜分量满意吗？
6. 你对食堂每天提供的饭菜感觉如何？跟你想象中的差异大吗？如果不满意，是由于熟度不够、保温不善、不够新鲜、不合口味、品种单一、更新太慢、营养不佳或是其他原因？
7. 你觉得食堂饭菜的价格如何？在你可接受的范围之内吗？

8. 你对学校食堂提供的特色风味小吃有印象吗？感觉如何？

9. 你尝试过食堂免费提供的清汤吗？感觉如何？你觉得食堂有必要免费供应清汤吗？为什么？

10. 你对目前你们学校学生在食堂就餐后餐具的处理方式有何看法？对于就餐后自觉回收餐具，你觉得如何？为什么？

第二部分　学生食堂就餐遇到的问题及对食堂管理的建议

1. 你觉得食堂的拥挤情况如何？排队秩序怎样？你能接受的最长的排队等候时间是多少？

2. 你是否在"即点即做"的点餐窗口遭遇过饭菜被"抢"的状况？经常吗？对此你认为有什么较好的解决方法？

3. 你是否遇到过食堂员工扣错钱、打错菜、乱收费的情况？对此你有何看法？

4. 你在食堂食用的饭菜里是否出现过杂质、头发、蟑螂等？你在就餐的过程中是否遇到过或怀疑过食堂存在剩饭剩菜？对此你的第一反应是什么？你会选择继续用餐还是离开？

5. 在食堂就餐时你是否遇到过食堂员工在一旁等待收拾餐具的情况？对此你有何感受？是反感、无所谓还是其他感觉？对此你有何建议？

6. 如果你们学校要新增地方风味窗口，你最希望出现哪些地方特色品种？

7. 如果你们学校要增设特色服务窗口，你最期待新增哪类服务？如点心小吃、各式火锅、夜宵服务或是其他？

8. 如果你们学校食堂在菜品形式上做出如下创新，你愿意尝试吗？为什么？

（1）增设地方名小吃窗口，每隔一段时间就更换小吃的品种；

（2）开设流行新风尚窗口，根据年轻态市场饮食的潮流趋势引进诸如"网红"奶茶饮品、印度薄饼等品种；

（3）在周末或重大节日期间开展自助餐活动。除此之外，你认为学校食堂在菜品形式上还可以有哪些创新？

9. 如果你们学校食堂在服务内容方面做出如下拓展，你愿意去体验吗？你觉得可行吗？为什么？另外，你觉得它们是否还有哪些需要改进之处？

（1）开展就餐包月服务，由餐厅设计出每周不同档次的食谱，以供学生选择，按月结算；

（2）每个学期和学校学生会生活部开展学生美食大赛；

（3）打造"第二教室"，在非供膳时间把食堂提供给学生做读书、做作业、小组讨论等学习工作之用。除此之外，你认为学校食堂在服务方面还可以有哪些创新？

10. 如果食堂提供资讯，你最希望得到哪方面的信息？

11. 您对当前学校食堂还有哪些方面的要求及建议？其中你觉得最需要改善的有哪方面？

12. 当你想对餐厅的工作提出意见或建议时，你觉得哪种反馈方式和渠道更为合理有效？

②邀请参与者。

第一，采访对象不能是座谈会的定期参加者，定期参加者对访谈的模式过于熟悉，不利于表达最真实的情感与观点；采访对象与主持人之间最好不认识，保证所获意见与倾向不互相影响；并且，最好不事先预知采访的内容，受访者在访谈现场最直接的第一反应通常是营销决策者所需要获得的重要信息。

第二，每场访谈的参与人数 8~12 人最佳。过多的采访对象不好维持秩序，每位受访对象获得关注的时间不足，不易碰撞出足够的信息量；过少的采访者可能导致冷场，不易引发较为热烈的探讨。并且视具体情况通常要组织 2~3 场焦点小组访谈才能够满足调研目标。

第三，所有参加者必须为符合调研目的的对象。如让女鞋销售员来讨论核电站的运作问题基本上很难得到有用信息。

第四，焦点小组访谈同一小组的参与者最好在人口统计、心理统计与产品使用特征上具有同质性（职业、教育水平、收入、年龄或性别方面有共性）。如一个女性小组不应该将有小孩的已婚家庭主妇、年轻的未婚职业女性、年长的离婚和丧偶女性安排在同一小组中。因为她们的生活方式截然不同。因此，若市场调研项目覆盖不同的细分市场，应针对每个细分市场单独进行焦点小组访谈。

③选择地点与设施。

焦点小组访谈应选择氛围轻松、周边干扰少的场所，装有单向镜（便于市场调研设计者与营销决策者观察）和录音录像设备是必需的硬件要求（详见表 4-1）。

表 4-1　　　　　　　　　　焦点小组访谈设施需求

场所构成		设备/人员
焦点访谈室	设备	圆形桌、幻灯机、放像机、投影机、录音话筒、录像机
	人员	受访对象、主持人
观察室	设备	录音机、录像机、督导台
	人员	记录员、录音员、录像员、项目负责人、客户督导

④甄选主持人。

一位经验丰富、训练有素的焦点小组访谈主持人能够在最大程度上带动小组的探讨，以挖掘出最为丰富的与调研目标相关的信息。一名优秀的主持人应做到以下几个方面：

a. 使采访对象轻松自在，创造并维持和睦的气氛。

b. 对参加者不偏不倚，对表达的意见不批评、不判断。

c. 不表态或不加速座谈会的进度。

d. 能够理解表面信息与内在信息，探索和诱导出深层次的感觉和情感。

e. 鼓励所有参加者表达意见，特别是沉默寡言的人。

⑤座谈阶段。

一次焦点小组访谈大概占用两个小时左右的时间，具体的时间安排如下：

a. 当所有的采访对象到齐以后，提供点心，给出 10 分钟左右的自由交谈时间，会前活动营造友好、温馨、舒服的氛围。

b. 主持人自我介绍，并对焦点小组访谈的基本规则进行说明（如答案无对错、会议时间长度等）。

c. 与会者自我介绍（姓名、职业、爱好、兴趣等）。

d. 由主持人激发群体成员对有关问题进行深入讨论。一般将整个座谈会的座谈内容分成几个部分，进行有条理的充分探讨（应把握每一部分的使用时间）。对于每个具体的话题要讨论多久并不用十分硬性的规定，主持人自己判断何时结束一个话题、再进行下一个话题。通常访谈应当尽快进行到关键性问题部分，留出足够的时间来深刻探讨，以挖掘更多的观点和意见。

通常情况，焦点小组访谈过程中应准备点心与水果，并给予参与者现金奖励。

⑥总结报告。

在焦点小组访谈之后要对获得的信息进行总结，并撰写报告。报告的内容通常应该涵盖：

a. 概要：详细说明访谈的目的、方法与对象。

b. 正文：以访谈提纲为逻辑对访谈的内容进行编码、提炼。

c. 结论和建议：做出总结并对下一步的定量调研给出建议。

焦点小组访谈法有很多优点，如资料收集快、效率高；信息广泛、理解深入和创意新颖；调研与讨论得到完美结合；访谈过程清晰，结构灵活，简便易行。但是也存在若干弊端，焦点小组访谈法对主持人的要求较高，而挑选理想的主持人又往往比较困难，调研结果的质量十分依赖于主持人的专业技术。另外，小组访谈的结果比其他数据收集方法的结果更容易被错误判断；回答的无结构性使得编码、分析和解释较为困难；有些涉及隐私、保密的问题，很难在会上深入讨论；社会文化差异容易引起沟通障碍。

2. 深度访谈法。

深度访谈法是指调研员采用"一对一"的形式，在轻松和谐的气氛中，与受访者就某一问题进行深入、充分和自由的探讨交流，从而获得有关调研资料的一种探索性调研形式。

深度访谈同样需要从调研目标展开设计访谈提纲，一份详尽、循循善诱的提纲帮助主持人做到不断追问、不断思考、再不断追问是必要的。

案例

面向广告投放商的深度访谈提纲

访谈目标：了解关于 A 商贸城广告投放的基本情况

1. A 商贸城的广告主要采取什么样的方式？在广告设计与投放前是否做过相关调研？
2. A 商贸城选择公交车载移动电视广告作为推广方式的主要理由是什么？
3. 广告投放前是否对本市公交车乘客总体情况有所了解？能向我们介绍一下具体

的信息吗？（平均每天乘坐公交车的出行人次、热门线路等。）

4. 广告投放前是否对公交车载移动电视收视情况有所了解？（如是否了解乘客对公交移动电视的每天平均观看次数，每次的时长。）

5. 目前 A 商贸城所投放的公交移动电视广告的合作商是？主要覆盖的线路有哪些？他们如何承诺公交移动电视广告的覆盖率、到达率或接触率的？（是否曾向负责公交车移动电视广告的公司询问广告效果监测的数据。）

6. 当前所投放的公交车车载移动电视广告的主要形式是？（插播式广告、节目式广告、赞助式广告等。）为什么选择这种形式？

7. 目前所投放的公交车车载移动电视广告的频率（每天）、每次的时长、广告的具体内容（广告的软文、具体内容、想要展示的主要要素、广告的主要诉求）。

深度访谈对场所的要求相对较低，但是同样需要具备录音录像等设施，而更为重要的是需要一位对访谈主体、访谈对象都较为熟悉的主持人，做到创造合适访谈氛围、正确提问、当好听众、引发思考、巧妙引导话题。

为了更加深度挖掘和了解受访者的态度与观点，主持人追问问题应避免发生所提出的问题只能得到受访者的简单却合乎情理"NO"的情况，如："关于这点您能多说点吗？""您能详细解释一下吗？""还有其他具体原因吗？""还有其他想要说的吗？"这些问题，受访者都可以自然而然地回答"NO"，一旦受访者拒绝，就很难再获取对于该话题的深层信息了。

深度访谈法因是无结构的访问，其调研走向依据受访者的回答而定；在访问过程中，调研员直接面对受访对象，能及时捕捉受访者在探讨某一问题时所表现出来的潜在动机、信念、态度和情感；另外由于是一对一的访问，消除了群体压力，所以受访者有充足的时间和机会、自由地把自己的观点全面与深度地表达。因此深度访谈比焦点小组访谈更能深入地探索被访者的内心思想与想法，但是深度访谈受主持人的素质影响很大，花费的时间和经费较多。

3. 投射法。

投射法是一种间接的询问方法，它是让受访者将观点及感觉投射到第三方或者物体上或者是任务环境之中。在市场调研中，投射法可分为联想技法、完成技法、结构技法和表现技法等。

①联想技法。就是将一种刺激物呈现在受访者面前，然后询问受访者最初联想到的事物或现象。这一技法中最常用的是词语联想法。

②完成技法。在自由联想原则的基础之上，给出一种不完全的刺激情景，受访者需要用他们最先想到的词语或短语来完成一个或几个不完整的句子。

③结构技法。与完成技法相近，它要求被调研者以故事对话或绘图的形式构造一种反应。

④表现技法。在表现技法中，给受访者提供一种文字的或形象化的情景，请他（她）将其他人的感情和态度与该情景联系起来。

投射法的一个主要优点是可以获取被调研者在知道研究目的的情况下不愿意或不

能提供的调研资料,可以通过隐蔽研究目的来增加回答的有效性。投射法的缺点是通常需要经过专门高级训练的调研员去作个人面对面访谈,在分析时还需要熟练的解释人员。因此,投射法的费用通常较为高昂,而且有可能出现严重曲解和偏差。

四、定量调研

(一)定量调研的内涵

定量调研是选择大量的有代表性的能够直接反映总体的个案,通过结构化的提问方式,使用统计分析方法得到较为精确的统计结果,得到最终的建议方案。

因此定量调研具有标准化和易于管理的优点。通常定量调研是采用问卷来回答所有问题,问卷的题目相同、备选选项也相同,所有的被调研者根据相同顺序回答问题,并且回答者的备选答案相同。这就使得定量调研的操作过程相对易于管理。针对结构化的提问方式,访问员能够快速记录受访者的答案,受访者亦可以自行填写问卷。定量调研所获得的数据,可以通过计算机处理进行统计分析,通过相关的统计方法可以敏锐反映不同人群之间的差异。通过问卷中的量表等题型,亦可揭示内在想法,包含受访者的动机等。

(二)定量调研的工具:问卷

问卷是定量调研的工具,是为了达到调研目的和收集必要数据而设计好的一系列格式化的问题。

1. 问卷的结构。
(1) 开头部分。
问卷的开头部分一般包含问卷导言、填写说明和过程记录。

问卷导言(也称为"问候语""说明信"):可引起受访者对调研的重视,消除顾虑,激发参与意识,以争取他们的积极合作。通常情况,问卷导言包含:①称呼;②问好;③自我介绍;④调研内容;⑤责任交代;⑥保密承诺;⑦配合请求;⑧致谢;等等,其中:①②③⑧是导言中的必要信息,⑤⑥⑦可根据情况选择使用。

案例

①尊敬的_____女士/小姐/先生:

②您好!③我是××调研公司的访问员,④我们正在进行一项有关文创产品需求情况的调研,目的是想了解人们对文创产品与服务的需求与偏好。⑤您的回答无所谓对错,只要是您真实的情况和看法即可。⑥我们对您的回答将完全保密。⑦可能要耽搁您8分钟左右的时间,请您配合,⑧谢谢您的支持!

问卷填写说明,是使受访者准确掌握填表规则,从而保证填写的规范性,有助于获得有效数据。问卷填写说明置于问卷主体题目开始之前,或者每一个需要特别强调填写说明的题目之前。

案例

请仔细阅读所有问题。如有不理解，请询问访问员。第一部分给出的是一些兴趣及意见。使用 7 级量表进行回答，7 表示极其同意，6 表示很同意，5 表示比较同意，4 表示一般同意，3 表示比较不同意，2 表示很不同意，1 表示极其不同意，选择其中的一个数字，表示您对某项陈述的同意或不同意的程度。对于每个陈述您只能圈选一个数字。

案例

请根据题项所描述，对贵企业当前所在供应链的实际情况进行打分（请您在相应的选项上打"√"，电子版请在选项上加粗或用红色字体标注）。

过程记录部分。是为了明确各环节的负责者，为核查预留线索，并为问卷的分类管理和数据处理提供基础，是质量保证的重要一环。过程记录项目可以表格的形式出现，置于问卷的首端或者末尾。

案例

表 4-2　　　　　　　　　　　过程记录表格

受访者姓名：		联系方式：	
访问地点：		访问时间：　　月　　日	
访问员承诺： 　　我清楚本人的访问态度对调查结果的影响，我保证本份问卷的各项资料都是由我本人按照规定的访问程序进行访问和记录的，绝对真实无欺；我知道若发现一份作假，本人访问的所有问卷将全部作废。			
问卷审核记录		项目：××品牌市场调研	
第一审核		指导老师：	
第二审核		时间：　　年　　月	

（2）甄别部分。

甄别，是先对受访者进行过滤，筛选掉不符合调研目的的人群，针对特定的受访对象进行调研。

案例

S01. 请问您是福建当地居民吗？
　　1. 当地居民
　　2. 非当地居民，但居住超过 2 年
　　3. 非当地居民，但居住未超过 2 年
S02. 请问您在过去的 6 个月中是否参加过任何形式的市场调研活动？

　　　　　　1. 是　　　　　　　　　　2. 否
　　S03. 请问您本人或您的亲朋好友有在以下行业工作的吗？
　　　　　　1. 市场调研机构、统计局　　2. 广告公司、信息咨询机构
　　　　　　3. 电视、报纸等媒体单位　　4. 银行等相关金融产业
　　　　　　5. 以上都不是
　　S04. 请问您在过去的6个月中是否使用过银行提供的相关服务？
　　　　　　1. 是　　　　　　　　　　2. 否

　　甄别部分通常包含两种问题。第一，常规禁止访问者。一般包括广告、公关机构从业者；市场调研、研究、咨询机构从业者；电视、广播、报纸等机构从业者。这部分人群极大可能拥有市场调研设计与执行的专业知识，可能不能客观地回答问卷中的问题，所以是在各种调研中都需要过滤的对象。第二，特定禁止访问者，某些特征如户籍、年龄、职业、收入、教育程度、家庭类型、民族等不符合调研目标的要求者。

　　（3）主体部分。

　　主体部分是问卷中的关键性问题，根据调研目标展开设计。

　　第一，对调研目标有一个清楚的概念，根据调研目标确认所需信息，确保所获取的信息完全解决了调研问题的所有组成部分。

　　第二，确定单个问题的内容，确认：这个问题是必要的吗？为了清楚地获取所需信息，需要用几个问题代替一个问题吗？在单个问题的内容设计时，避免调研对象无法回答和不愿意回答的问题。应反复确认：调研对象具备知识吗（如果调研对象不可能有相关知识，那么在提出有关调研主题的问题之前，应该询问能测量熟悉程度、产品使用与过去经验的问题）？调研对象能够回忆起来吗？调研对象能够清楚地表达吗（应该将调研对象需要付出的努力减到最小）？应该从人物、事件、时间、地点、原因和方法等方面来定义问题，使得问题清晰易懂。

　　第三，在单个问题的措辞设计时，注意：询问要清楚，保证所有的应答者对询问的理解一致；问句要简短，尽量使用简单的、口语化的语言；避免使用带有倾向性的询问和词句；询问应该中肯，要考虑受访者回答的偏差；避免双重问题，避免否定式问题；避免使用隐含的假设等。

　　第四，确定问题的顺序。注意：开场白问题应该有趣、简单、不咄咄逼人；较难的、敏感的或复杂的问题应该放在靠后的位置；一般问题应该放在特定问题之前；应该按照逻辑顺序提问。

　　（4）背景部分（也称为人口统计问题、分类问题）。

　　通常问卷的最后设置背景问题，主要是了解受访者的基本情况，常规的问题可能包含性别、年龄、民族、家庭情况、婚姻状况、文化程度、职业、单位、收入、所在地区、是否独生子女等；非常规的背景问题如星座、血型、身高、体重、性格等。

　　背景问题也被称为分类问题，对调研结果的分析极为重要。这些问题的设置除了让调研报告阅读者了解受访者的分布特征、判断调研结果的代表性的高低，还有助于关注不同群体的人群的区别。如对于某一观点的态度，常常需要分析男性与女性的不同观点，对于某一产品，常常要分析不同收入的人群的喜好程度差异。这些都有助于

进行市场细分、选择目标市场、并最终确定合适的营销对策,如进行分类定价、产品定位、渠道设计、促销手段选择、活动开展策划、广告媒体选择等。

(5) 结束语。

在所有问题都结束之后,需要有一个结束语来提醒受访者问卷终止。若问卷中包括一些敏感问题,可在结束部分再次重申尊重受访者隐私权的承诺。若没有这些需要,结束语也可简短明了的再次表达感谢,如:本问卷到此结束,非常感谢您的热心协助。

(6) 问卷编码。

编码是将问卷中的调研项目变成数字的工作过程,以便对题目和答案分类整理,易于进行计算机处理和统计分析。通常情况下,对题目的编码可以是:Q1、Q2、Q3、Q4……,或者A1、A2、A3……、B1、B2、B3……、C1、C2、C3……;对备选答案的编码可以是:①、②、③、④……;另外,对回收的问卷也要进行编码,以便后期问卷数据录入与分析之后的必要溯源,问卷编码可以是:A001、A002、A003……,B001、B002、B003……。

2. 问卷的题型。

问卷的题型总体来讲可以分为开放式和封闭式两种题型。但是在结构化问卷设计中,应该通过充分的二手资料与定性调研充分了解信息,需要调研的问题尽可能设计称为封闭式问题,使得问卷调研所获得的信息更易于管理。

常见的封闭式问题包含单选题、多选题和量表题等题型。

(1) 单选题与多选题。

单选题与多选题的设置,包含问题部分和答项部分的设计要求。问题部分的要求详见前述问卷主体部分的内容。答项部分的设计要求主要是互斥性与穷尽性,互斥性是指不同答项之间不应包含重合的信息,避免受访者在多个选项中无法判别;穷尽性是指应充分考虑二手资料与访谈中的信息,使得答项尽可能丰富、穷尽,当怀疑答项可能无法达到"穷尽性"时,应设置"其他"选项。

(2) 量表题。

李克特量表是最常见的问卷量表形式,其构建的基本步骤为:

①收集大量(50~100个)与测量的概念相关的陈述语句。

②研究人员根据测量的概念将每个测量的项目划分为"有利"或"不利"两类,一般测量的项目中有利的或不利的项目都应有一定的数量。

③选择部分受测者对全部项目进行预先测试,要求受测者指出每个项目是有利的或不利的,并在"非常同意、比较同意、一般、比较不同意、非常不同意"等五级(或七级)强度描述语中进行选择。

④对每个回答给一个分数,如从"非常同意"到"非常不同意"的有利项目分别为5、4、3、2、1分,对不利项目的分数就为1、2、3、4、5分。

⑤根据受测者的各个项目的分数计算代数和,得到个人态度总得分,并依据总分多少将受测者划分为高分组和低分组。

⑥选出若干条在高分组和低分组之间有较大区分能力的项目,构成一个李克特量表。如可以计算每个项目在高分组和低分组中的平均得分,选择那些在高分组平均得

分较高并且在低分组平均得分较低的项目。

⑦分辨力的计算方法是：先根据受测对象全体的总分排序；然后取出总分最高的25%的人和总分最低的25%的人，并计算这两部分人在每一条陈述上的平均分；将这两个平均分相减，所得出的就是这一条陈述的分辨力系数。该系数的绝对值越大，说明这一陈述的分辨力越高。如果题项陈述的分辨力很小、在制作正式的量表时应将其删除。

李克特量表的构建比较简单而且易于操作，因此在市场调研实践中应用非常广，通常由客户项目经理和研究人员共同研究确定。

案例

调研问卷

问卷编码：_____

"宠物培训"市场需求情况调研问卷

尊敬的女士/先生：

您好！我是×××，我们正在做一项关于宠物猫狗培训的市场调研，您的回答无所谓对错，只要您真实的情况和看法即可。我们采取匿名调查，所有的数据完全保密。填写问卷可能要耽搁您10分钟左右的时间，请您在合适的选项上打"√"，谢谢您的支持！

Q1. 您的宠物是狗狗还是猫咪？
A. 狗狗　　B. 猫咪

Q2. 是什么品种（填写）？
_____

Q3. 跟随您多长时间了？
A. 不到6个月　B. 6个月~1年　C. 1~2年　D. 2~3年　E. 3年以上

Q4. 它有什么坏习惯（多选）？
□没有坏习惯　□挑食　　□外出时捡食　□爱抓东西
□随地大小便　□爱乱跑　□爱乱叫　　　□过度热情　□其他

Q5. 它近两个月的伤人情况（咬人、抓人、追人等危险事件）？
A. 没有　　B. 1~2次　　C. 3~4次　　D. 5~6次　　E. 7次及以上

Q6. 您的宠物有以下哪些性格特点（多选）？
□活泼　　□较为呆板　□温顺　　　□勇猛　　□较为叛逆
□忠诚　　□较为胆小　□较为内向　□其他

Q7. 您的宠物有以下哪些特点（多选）？
□能听懂较多人话　□有较强的方向感　□都没有　□不太清楚

Q8. 您的宠物有以下哪些"才艺"（多选）？
□能用头顶住皮球、书本等物品

☐会摆一些好看的造型姿态
☐会一些"舞蹈"动作
☐都没有
☐不太清楚

W1. 假设现在有一个宠物培训机构，培训时间由您自己安排，它可提供下表所列的宠物培训项目，您觉得有没有必要让您的宠物参加？请分别在相应的分值处打"√"。

培训机构的服务内容	感兴趣程度 非常没有兴趣————→非常有兴趣						
帮助宠物改掉各种坏习惯（如挑食、外出时拣食、爱抓东西、随地大小便、乱跑乱叫、过度热情等）	1	2	3	4	5	6	7
降低宠物危险性（如抓人、追人、咬人等行为）	1	2	3	4	5	6	7
让宠物变得更加活泼开朗	1	2	3	4	5	6	7
让宠物变得更加勇猛	1	2	3	4	5	6	7
让宠物更忠诚、更顺服主人	1	2	3	4	5	6	7
教宠物听懂很多人话	1	2	3	4	5	6	7
训练宠物方向感、使其不容易迷路	1	2	3	4	5	6	7
教宠物摆造型	1	2	3	4	5	6	7
教宠物头顶皮球、书本等物品	1	2	3	4	5	6	7
教宠物跳舞	1	2	3	4	5	6	7

W2. 您愿意让宠物接受这种机构的培训吗？（若愿意，则跳过下一题）
A. 愿意　　B. 不愿意　　C. 不确定

W3. 不愿意或不确定的原因是什么（多选）？
☐已经对宠物很满意了，不需要再培训
☐想要亲自培训，不需要拜托培训机构
☐担心训宠人员会伤害自己的宠物
☐担心培训效果不明显
☐担心价格过高
☐觉得来回接送宠物很麻烦
☐其他

W4. 以下是各项目的价格表，请您在感兴趣的项目上，对您所能接受的最高价格范围打"√"。

培训机构的服务内容	价格范围（元）				
帮助宠物改掉各种坏习惯	500 以下	500～1000	1001～1500	1501～2000	2000 以上
降低宠物危险性	500 以下	500～1000	1001～1500	1501～2000	2000 以上
让宠物变得更加活泼开朗	500 以下	500～1000	1001～1500	1501～2000	2000 以上
让宠物变得更加勇猛	500 以下	500～1000	1001～1500	1501～2000	2000 以上
让宠物更忠诚、更顺服主人	500 以下	500～1000	1001～1500	1501～2000	2000 以上
教宠物听懂很多人话	500 以下	500～1000	1001～1500	1501～2000	2000 以上
训练宠物方向感、使其不容易迷路	500 以下	500～1000	1001～1500	1501～2000	2000 以上
教宠物摆造型	500 以下	500～1000	1001～1500	1501～2000	2000 以上
教宠物头顶皮球、书本等物品	500 以下	500～1000	1001～1500	1501～2000	2000 以上
教宠物跳舞	500 以下	500～1000	1001～1500	1501～2000	2000 以上

W5. 若价格上升30%提供上门培训，您是否愿意？
 A. 愿意　　B. 不愿意　　C. 不确定

E1. 您的性别？
 A. 男　　　B. 女
E2. 您的年龄？
 A. 18 岁及以下　B. 19～25 岁　C. 26～32 岁　D. 33～39 岁　E. 40 岁及以上
E3. 您的职业？
 A. 行政机关职员　　B. 事业单位职员　　C. 企业职员　　D. 企业主
 E. 个体经商户　　　F. 自由职业者　　　G. 农民　　　　H. 学生
 I. 家庭主妇　　　　J. 其他
E4. 您的家庭月收入范围？
 A. 6000 元及以下　　　B. 6001～12000 元　　　C. 12001～18000 元
 D. 18001～24000 元　　E. 24001 元及以上

本问卷到此结束。感谢您在百忙之中抽出时间协助我们的调研，谢谢您的积极参与！祝您生活愉快！

（三）问卷调研的抽样方案设计

抽样是指按照一定的方式或原则，从调研总体中抽取部分单位作为样本进行调研，用所得的结果说明或推断总体情况。

1. 抽样的作用。

（1）用于不可能或难以采用全面调查的情况。无限总体（无法普查），如宇宙探测、大气监测、生态保护；动态总体（总体递增），如产品质量检测、物价监管；分布过散（普查成本大），如居民收支、水中鱼苗、森林木材蓄积量。

（2）用于不宜全面调查，但是必须了解总体的数据情况。如灯泡、轮胎等产品耐用时间的破坏性质量检验；饮料、食品等产品的品尝性消耗检验；人体血液等活性检验等。

2. 抽样的方法。

（1）概率抽样。

概率抽样又称为随机抽样，是按随机原则抽取样本，即在总体中抽取单位时，完全排除了人的主观因素的影响，使每一个单位都有同等的可能性被抽到。由于抽样遵循随机原则，所抽得的样本对总体的某些特征能够做出较为科学的估计推断，并且对推断中可能出现的误差可以从概率意义上加以识别。

概率抽样包含单纯随机抽样、系统随机抽样、整群随机抽样和分层随机抽样等四种方法。

单纯随机抽样，也称为简单随机抽样，是抽样时不做任何有目的的选择，用纯粹偶然的方法从总体中抽取若干个体的样本。纯粹偶然是指对总体中的所有个体单位不进行任何分组、排序，而是完全随机地抽取。一般使用抽签法、随机数表等方法。

系统抽样，也被称为等距抽样，将总体按照一定的标准进行排序，从中等间隔地抽取符合要求的样本数量。例如，要在 1000 个总体中抽取容量为 100 的样本，可每隔 $1000/100=10$ 个单位中抽取 1 个，其中第 1 个对象为第 1 个到第 10 个中随机抽取，其余隔 10 个抽取一个即可。系统抽样常常用来代替简单随机抽样。对于大型总体，通过先确定随机数、然后根据抽样框寻找与随机数相对应的个体的方法来选择一个简单随机样本，这需要花费大量的时间，这种情况就可以使用系统抽样来替代简单随机抽样。

整群抽样，是当调查总体可以视为若干个相似的"群"，从中随机抽取一个"群"来作为代表进行研究。例如，要研究一个省内的"211"学校的学生情况，其中的每一个"211"学校被认为是相似的"群"，可以在所有"211"学校"群"中随机抽取若干个来研究；对同一个地区的 20 个中等收入的类似小区，抽取一个调研即可。这样的方式较大地缩小了调查对象的范围和降低收集这些资料的费用。

分层随机抽样，是先将总体按照一定的标准分层（分类），然后在各层（各类）中采用简单随机抽样或系统抽样方式抽取样本的一种抽样方式。例如，要调查顾客的需求，可以把顾客根据不同的职业分成不同的层（类），之后在各层（类）中根据等比例或者不等比例的方法随机抽取一定的数量来进行研究。这种分层随机抽样的方法可以避免简单随机抽样可能带来的样本过于集中在某一特征群体的不足。

（2）非概率抽样。

非概率抽样是指抽样时不遵循总体中每个单位都有客观相等的被选中机会的原则，而是按照调查人员主观的判断或标准抽选样本的抽样方法。由于有些调查中得不到总体完整的名单，或者使用概率抽样的方法选取样本过于昂贵，这时就要使用非概率抽样的方法来选取样本。同样的样本量，相对概率抽样方法，非概率抽样所选的样本的代表性要差一些。在市场调研中，采用非概率抽样方式选择调查对象常常适用于下面情况：为了快速得到总体一般性质方面的信息；对某一突发事件的现场调查；为进一步深入调查研究而做的前期预备性实验调查等。非概率抽样一般包含方便抽样、判断抽样、配额抽样和滚雪球抽样等方法。

方便抽样也称为偶遇抽样或任意抽样，是一种随意选取样本的方法。"街头拦截法"和"方位选择法"是任意抽样法的两种最常见方式。例如，在街头向过路行人作访问调查，就是"街头拦截法"的表现。在柜台销售商品过程中向购买者做面谈调查等就属于"方位选择法"。实行任意抽样的基本理论依据，就是认为总体中的每一子体都是相同的，随意选取任何一个子体都是一样的。所以只有在总体中的每一子体都是同质的情况下，才宜采用。方便抽样法最大的特点是简便易行，能够及时获得所需的信息，省时、省力、节约调查开支。缺点是取得的样本偶然性太大，存在着选择偏差，因而样本的代表性较差，调查结果的可信度低。所以这种抽样一般不能用来推断总体，即方便抽样不适合于描述性研究和因果关系研究，而比较适合于探索性研究。它可以通过调查发现问题，产生想法或假设。在实际操作中，方便抽样多用于非正式的探索性研究或正式调查前的预调查。

判断抽样法也称目的抽样或典型调查，是依据调查研究者对总体的认识等主观因素或调查目的等，从总体中选择调查对象的一种方式。这种抽样方法，通常适用于熟知母体中子体特征、样本数目不多的调查。多应用于总体小而内部差异大的情况，以及在总体边界无法确定或因研究者的时间与人力、物力有限时采用。依据判断抽样法选定的样本，易于符合市场调研人员的特殊需要，回收率较高，简便易行，具有一定的实践意义，但如果主观判断出现偏差，抽样也要发生偏误。因此，采用这种抽样方法要求对调查对象总体的有关特征具有相当了解。要极力避免挑选"极端"的类型，而尽量选择"多数型"或"平均型"的样本。

配额抽样也称定额抽样，是指首先将市场调查对象总体中的所有单位按照一定的标准分为若干类，然后按定属性特征（控制特征）分配样本配额，并在规定数额内由调查人员随意抽取样本的抽样方式。因为它与分层随机抽样具有相似之处，所以又可称为分层判断抽样。尽管配额抽样法不具备从样本推论总体的科学依据，但由于其注重样本结构与总体结构在量上的类似性，只要抽样设计完善，调查员素质好，调查结果的可靠性和准确性在非概率抽样中就是最好的。因而在市场调查中得到广泛应用，特别在一般较小规模的市场调查中大都采用这种抽样方式。

滚雪球抽样法又称参考抽样，它是以"滚雪球"的方式，通过少量的样本单位逐步获取更多样本单位的信息。其基本的步骤是：先挑选少数样本单位，访问这些个体得到所需信息后，再请他们提供另外一些属于所调查研究目标总体的个体，然后根据所提供的线索，选择此后的样本单位，依此类推，如同滚雪球一样，使样本容量逐步扩大，使调查结果越来越接近总体。滚雪球抽样运用的前提是总体各单位之间具有一定的联系。它通常是用于对总体缺乏了解，没有现成的抽样框的情形，或者调查对象为某一特殊群体，所调查的个体不容易取得的情况下。例如，要调查某个小众明星的饭圈人群特征，要获得一份完整的名单是极困难的，只能通过已接受访问的人提供的信息去接触新的合适的被访者。滚雪球抽样的优点是可以方便快捷地、有针对性地找到样本单位，而不至于"大海捞针"。

3. 抽样方法的选择。

选择合适的抽样方法需要综合各种主客观因素来考虑，主要依据调研总体的规模和特点、调查的性质、抽样框资料、调查经费、对调查结果精确性的要求等方面来决定。

一般来说，当"对调查结果的精确性要求高、研究者要保证样本选择的随机性"时需要使用概率抽样；而在"样本框不存在，而且也难以形成、调查属于非正式的探索性研究、调研费用和时间都比较有限"等几种情况下，适合使用非概率抽样。一旦决定了使用概率抽样或非概率抽样，研究者就要选择最适合完成研究目的的样本设计方法。

五、数据分析与调研结论

（一）分析方法

在执行调研之后，对有效问卷进行筛选，并使用 SPSS16.0 软件对问卷数据进行录入、预处理和分析。

不同的问卷题型获得的是不同类型的数据，统计分析方法也不尽相同。在此根据单选题、多选题、量表题等三种典型的问卷题型分别给出分析方法介绍。

1. 单项选择题频数分析。

频数是指变量值落在某个区间（或者某个类别）中的次数。以 SPSS 软件为例，简单频数分析的操作步骤是：从主菜单的"analyze"开始，依次点击"analyze—descriptive statistics—frequencies"，就可以进入简单频数分析模块，从而来统计样本数据的频数、频率，也可以统计出样本数据的均值、中位数、众数、极大值、极小值、极差、方差、标准差、峰度等统计值。通过频数分析，清晰直观地展示变量的取值状况，能够把握数据的分布特征，了解受访者在调研问题上的观点分布情况。另外，频数分析还能在一定程度上检验样本是否具有总体代表性，抽样是否存在系统偏差等。

对于同一个问卷题目，通常还希望了解不同人群的观点的差异，此时应使用单选题交叉频数分析来实现。以 SPSS 软件为例，单选题交叉频数分析的操作步骤是：从主菜单的"analyze"开始，依次点击"analyze—descriptive statistics—crosstabs"，就可以进入单选题的交叉频数分析模块，将行变量选择到"row"框中，将列变量选择到"column"框中，并通过点击"statistics"复选框，勾选其中的"chi square"来进行卡方分析，从而检验不同人群观点差异的显著性。

2. 多项选择题频数分析。

多项选择题中最重要的汇总指标有两个，分别是：应答人数百分比（percent of cases）和应答次数百分比（percent of responses）。前者是指选择某一项的人占总人数的百分比，后者是指选择某一项的次数占做出的所有选择的总次数的百分比。以 SPSS 软件为例，多选题频数分析的操作步骤是：首先，从主菜单的"analyze"开始，依次点击"analyze—multiple response—define sets"，就可以进入定义变量集模块；其次，重新进入主菜单的"analyze"，依次点击"analyze—multiple response—frequencies"，可以对定义集之后的多选题进行简单频数分析；最后，依次点击"analyze—multiple response—crosstabs"可以进行多项选择题的交叉频数分析。

3. 量表题分析。

对于量表题,有两种分析思路。一方面,量表中的每一个陈述语句都可以视为一个单项选择题,按照前述的单选题频数分析方法来统计与数据挖掘;另一方面,量表题中的各个陈述语句是围绕一个主题设计的,可以将整个量表视为一个整体来进行数据分析,如可以使用因子分析等统计方法来进行降维,识别主成分。

(二)结论撰写

调研结论即对调研流程中所获得的信息进行梳理、分析与总结,最终给出符合调研目标的调研报告。通常情况下,调研结论应该符合以下三个方面的要求。第一个要求:完整,要使用读者能理解的语言为他们提供需要的所有信息,一份完整的调研报告应该包含引言、调研方案说明、数据分析技术说明、调查结果分析、调研结论与建议,并指出调研过程中可能存在的局限,最后附上调研过程中的相关设计与执行文件,佐证调研的科学性;第二个要求:准确,"在 A 地区,14%的人受过基础教育,51%的人高中毕业,16%的人受过高等教育",而"14% +51% +16% ≠100%",这是不准确的一个表现,因此,在提交调研结论时,仔细检查是十分有必要的,保证在数据的分析与引用时的准确性;第三个要求:清晰,包含思维逻辑清楚和语言表达清晰,在调查分析结果的撰写中,需要根据调研报告的目的,有逻辑有条理地阐明调研的结果,并且应该使用简洁明了的语言,避免模棱两可的措辞。

案例

宠物培训市场调研结果分析(节选)

一、单项选择题统计与分析

本次调查中,在近段时间内"无伤人情况"的宠物最多,占比45.2%,紧随其后的就是有1~2次伤人情况的宠物猫狗,有38.9%,而有3次及以上伤人情况的宠物猫狗就较少,合计占比为15.9%(见表4-3)。这说明了虽然大部分的宠物危险性都较低,但还存在伤人情况,虽是偶尔发生,但亦值得重视。

表4-3 宠物伤人情况统计

伤人情况	频率	百分比(%)	有效百分比(%)	累积百分比(%)
没有	71	45.2	45.2	45.2
1~2次	61	38.9	38.9	84.1
3~4次	17	10.8	10.8	94.9
5~6次	6	3.8	3.8	98.7
7次及以上	2	1.3	1.3	100.0
合计	157	100.0	100.0	

二、单项选择题交叉频数分析

由表 4-4 不同年龄组的 Sig. 值为 0.016＜0.05，可知不同年龄的人群对于"教宠物头顶皮球等物品"的价位接受情况有显著差异。

表 4-4　不同人群对于"教宠物头顶皮球等物品"的价位接受情况差异情况

项目	Sig. 值	差异情况
不同性别	0.231	不显著
不同年龄	0.016	显著

表 4-5　卡方检验

项目	值	df	渐进 Sig.（双侧）
Pearson 卡方	30.386a	16	0.016
似然比	32.130	16	0.010
线性和线性组合	1.118	1	0.290
有效案例中的 N	157		

由表 4-6 可以看出，不同年龄层的人群对价位接受范围的选择差异主要是：对于 18 岁及以下的人群，超过 50% 的人可以接受的价位在 "500 元以下"，随着受访者年龄段增长，对于可以接受的价位亦在提升。33~39 岁年龄段的受访者仅有 13.6% 的人可以接受的价位是 "500 元以下"，而接受价位在 "500~1000 元" 与 "1001~1500 元" 的均高达 36.4%。不难看出，33~39 岁这个年龄段的受访者更愿意为 "教宠物头顶皮球等物品" 这个项目付出较为高额的费用。所以培训机构在为这个项目开班时，要对不同年龄段的养猫狗人群实施差异化的细分市场策略。

表 4-6　不同年龄人群对"教宠物头顶皮球"等物品价位接收情况交叉频数

项目			W4.9 教宠物头顶皮球、书本等物品的价格					合计
			500 元以下	500~1000 元	1001~1500 元	1501~2000 元	2000 元以上	
年龄	18 岁及以下	计数	8	1	1	4	1	15
		年龄中的百分比（%）	53.3	6.7	6.7	26.7	6.7	100.0
		W4.9 中的百分比（%）	19.5	1.8	2.9	25.0	11.1	9.6
		总数的百分比（%）	5.1	0.6	0.6	2.5	0.6	9.6
		标准残差	2.1	-1.9	-1.3	2.0	0.2	

续表

项目			W4.9 教宠物头顶皮球、书本等物品的价格					合计
			500元以下	500~1000元	1001~1500元	1501~2000元	2000元以上	
年龄	19~25岁	计数	23	25	16	4	4	72
		年龄中的百分比（%）	31.9	34.7	22.2	5.6	5.6	100.0
		W4.9中的百分比（%）	56.1	44.6	45.7	25.0	44.4	45.9
		总数的百分比（%）	14.6	15.9	10.2	2.5	2.5	45.9
		标准残差	1.0	-0.1	0.0	-1.2	0.0	
	26~32岁	计数	4	13	8	6	1	32
		年龄中的百分比（%）	12.5	40.6	25.0	18.8	3.1	100.0
		W4.9中的百分比（%）	9.8	23.2	22.9	37.5	11.1	20.4
		总数的百分比（%）	2.5	8.3	5.1	3.8	0.6	20.4
		标准残差	-1.5	0.5	0.3	1.5	-0.6	
	33~39岁	计数	3	8	8	2	1	22
		年龄中的百分比（%）	13.6	36.4	36.4	9.1	4.5	100.0
		W4.9中的百分比（%）	7.3	14.3	22.9	12.5	11.1	14.0
		总数的百分比（%）	1.9	5.1	5.1	1.3	0.6	14.0
		标准残差	-1.1	0.1	1.4	-0.2	-0.2	
	40岁及以上	计数	3	9	2	0	2	16
		年龄中的百分比（%）	18.8	56.3	12.5	0.0	12.5	100.0
		W4.9中的百分比（%）	7.3	16.1	5.7	0.0	22.2	10.2
		总数的百分比（%）	1.9	5.7	1.3	0.0	1.3	10.2
		标准残差	-0.6	1.4	-0.8	-1.3	1.1	
	合计	计数	41	56	35	16	9	157
		年龄中的百分比（%）	26.1	35.7	22.3	10.2	5.7	100.0
		W4.9中的百分比（%）	100.0	100.0	100.0	100.0	100.0	100.0
		总数的百分比（%）	26.1	35.7	22.3	10.2	5.7	100.0

三、多项选择题统计与分析

如表4-7所示，本次调查的所有宠物中，性格比较活泼的最多，占比52.3%，紧随其后的是"忠诚"和"温顺"的特征，分别占比38.9%和36.9%，这二者亦是宠物的重要性格特点,值得一提的是,较为叛逆的宠物也不少,占比34.9%。

表4-7　　　　　　　　　　宠物性格特征统计

	项目	响应		个案百分比(%)
		N	百分比(%)	
性格特征	Q6.1 宠物的性格特点:活泼	78	23.6	52.3
	Q6.2 宠物的性格特点:较为呆板	11	3.3	7.4
	Q6.3 宠物的性格特点:温顺	55	16.7	36.9
	Q6.4 宠物的性格特点:勇猛	21	6.4	14.1
	Q6.5 宠物的性格特点:较为叛逆	52	15.8	34.9
	Q6.6 宠物的性格特点:忠诚	58	17.6	38.9
	Q6.7 宠物的性格特点:较为胆小	23	7.0	15.4
	Q6.8 宠物的性格特点:较为内向	24	7.3	16.1
	Q6.9 宠物的性格特点:其他	8	2.4	5.4
	总计	330	100.0	221.5

通过表4-8可以很明显地看到,受访者们不愿让宠物参加培训的一个最大的原因是:担心训宠人员会伤害宠物(占比63.8%),因此这个问题是培训机构需要重视的,树立起对宠物充分的保护与关爱形象是培训项目最需要重视的方面。除此之外,还有两个很重要的原因:担心培训效果不明显(占比57.5%)以及担心价格过高(占比55.1%)。如何通过成功案例引发宠物主们的兴趣与信任,是宠物培训机构需要重点考虑的问题,若能有比较好的培训效果,"担心价格过高"的人群或会随之减少。也有一部分受访者对于宠物已经比较满意,不需要拜托培训机构去培训。

表4-8　　　　　受访者不愿或不确定让宠物参加培训的原因统计

	项目	响应		个案百分比(%)
		N	百分比(%)	
原因	W3.1 已经对宠物很满意了,不需要再培训	51	14.2	40.2
	W3.2 想要亲自培训,不需要拜托培训机构	40	11.1	31.5
	W3.3 担心训宠人员会伤害自己的宠物	81	22.5	63.8
	W3.4 担心培训效果不明显	73	20.3	57.5
	W3.5 担心价格过高	70	19.4	55.1
	W3.6 觉得来回接送宠物很麻烦	22	6.1	17.3
	W3.7 其他	23	6.4	18.1
	总计	360	100.0	283.5

四、量表题深度分析

将宠物主们对培训项目偏好的量表使用因子分析来进行降维，由表4-9的输出结果表明，KMO统计量为0.852，大于0.7，得出结论是适合做因子分析的。

表4-9　　　　　　　　　　培训机构各项目在受访者眼中的分类

取样足够度的 Kaiser-Meyer-Olkin 度量		0.852
Bartlett 的球形度检验	近似卡方	785.293
	df	45
	Sig.	0.000

由表4-10，前两个因子解释了总方差60.933%，因此可以直接取用前两个因子。通过旋转后的成分矩阵（见表4-11）可以看出，因子1在"让宠物更加忠诚""教宠物听懂很多人话""训练宠物方向感""让宠物变得活泼开朗""帮助宠物改掉各种坏习惯""让宠物变得勇猛""降低宠物危险性"等7个培训项目上的载荷较大，可见它们在受访者眼中是一类，这一类在他们眼中可能更偏向实用；而因子2在"教宠物跳舞""教宠物头顶皮球等物品""教宠物摆造型"等3个培训项目上的载荷较大，它们在受访者眼中又是一类，这一类在他们看来可能更偏向娱乐。并且，受访者对偏向实用的培训项目比偏向娱乐的培训项目更加关注一些。

表4-10　　　　　　　　　　解释的总方差

成分	初始特征值			提取平方和载入			旋转平方和载入		
	合计	方差的百分比（%）	累积百分比（%）	合计	方差的百分比（%）	累积百分比（%）	合计	方差的百分比（%）	累积百分比（%）
1	4.663	46.630	46.630	4.663	46.630	46.630	4.165	41.645	41.645
2	1.430	14.303	60.933	1.430	14.303	60.933	1.929	19.288	60.933
3	0.974	9.736	70.669						
4	0.830	8.304	78.974						
5	0.604	6.039	85.012						
6	0.504	5.043	90.055						
7	0.307	3.069	93.124						
8	0.277	2.767	95.891						
9	0.244	2.445	98.336						
10	0.166	1.664	100.000						

表 4-11　　　　　　　　　　旋转成分矩阵

项目	成分	
	1	2
W1.5 让宠物更加忠诚，更顺服主人	0.882	0.045
W1.6 教宠物听懂很多人话	0.867	0.084
W1.7 训练宠物方向感，使其不容易迷路	0.824	0.246
W1.3 让宠物变得更加活泼开朗	0.764	0.117
W1.1 帮助宠物改掉各种坏习惯（如挑食、外出时拣食、随地大小便、爱抓东西、乱跑乱叫、过度热情等）	0.701	0.084
W1.4 让宠物变得更加勇猛	0.506	0.151
W1.2 降低宠物危险性（如抓人、追人、咬人等行为）	0.332	0.123
W1.10 教宠物跳舞	-0.150	0.850
W1.9 教宠物头顶皮球、书本等物品	0.431	0.787
W1.8 教宠物摆造型	0.553	0.677

本章小结

市场调研起到了一种通过信息将消费者、顾客、公众和营销人员联结起来的职能，该信息用于识别和确定营销机会及问题，产生、提炼和评估营销活动；监督营销绩效，改进人们对营销过程的理解。

做好市场调研，需要重点完成的是：第一，清晰梳理调研的目的，详细列出需要调研的信息；第二，设计二手资料调研、定性调研、定量调研等方法与工具来进行相关信息的收集，科学管理与实施信息收集的过程，并科学分析结果，最后探讨得出客观的调研结论。

【思考题】

1. 二手资料调研在市场调研中的作用是什么？
2. 问卷结构包含哪几个部分？
3. 如何选择合适的抽样方案？

第五章
营销策划中的定位

【学习目标】
- 掌握消费者市场细分的依据
- 了解选择目标市场应该考虑的因素
- 掌握市场定位的概念
- 熟悉企业进行市场定位的方法

通过本章学习，使学生了解与 STP（市场细分、目标市场选择和市场定位）营销有关的概念，掌握市场细分的依据，选择目标市场应考虑的主要因素以及市场定位的依据和方法。

本章的重点在于了解市场定位的历史及方法，因为一个出色的营销策划离不开准确的定位。在知悉消费者需求的基础上，如何与消费者沟通产品或者服务至关重要，这直接影响到产品或者服务在消费者心中的定位，而市场定位最主要的目标在于占领消费者的心智。本章还介绍了市场定位的方法以及步骤，并结合案例，更好地让学生理解并且应用定位的概念。

第一节 市场细分及目标市场选择

一、市场细分的概念和作用

市场细分的概念是美国市场学家温德尔·史密斯（Wendell Smith）于20世纪50年代中期提出来的。它是指按照消费者欲望与需求把一个总体市场（总体市场通常太大以致企业很难为之服务）划分成若干个具有共同特征的子市场的过程，其结果使得分属于同一细分市场的消费者的需要和欲望极为相似；分属于不同细分市场的消费者对同一产品的需要和欲望存在着明显的差别。因此，市场细分实际上是一种求大同、存小异的市场分类方法，它不是对商品进行分类，而是对需求各异的消费者进行分类，是识别具有不同需求和欲望的购买者或用户群的活动过程。

市场细分对企业的生产、营销起着极其重要的作用。

首先，市场细分有利于企业发现最好的市场机会，提高市场占有率。这是因为企业通过市场营销研究和市场细分，可以了解不同购买者群体的需要情况和目前的满足情况，在满足程度较低的子市场上，就可能存在着最好的市场机会。这对小企业尤为重要，因为小企业资金薄弱，在整个市场或较大的子市场上竞争不过大公司。小企业通过市场细分，就可以发现某些尚未满足的需要，找到自己力所能及的良机，然后见缝插针，拾遗补阙，从而在激烈的市场竞争中得以生存和发展。

其次，市场细分还可以使企业用最少的经营费用取得最大的经营效益。这是因为，通过市场细分和目标市场选择，企业可以根据目标市场需求的变化，及时、正确地调整产品结构和市场营销组合，使产品适销对路，扩大销售，还可以集中使用企业资源，以最少的经营费用取得最大的经营效益。

最后，细分市场有利于提高企业的竞争能力。一个企业的竞争能力受客观因素的影响而存在差别，但通过有效的营销战略可以改变这种差别，利用市场细分战略是提高企业竞争能力的一个有效方法。因为，在市场细分后，每一个子市场上竞争者的优势和劣势就明显地暴露出来。企业只有看准市场机会，利用竞争者的弱点，同时有效地开发本企业的资源优势，才能用相对较少的资源把竞争者的顾客和潜在顾客变为本企业产品的购买者，提高市场占有率，增强竞争能力。

二、消费者市场细分的依据

市场细分要依据一定的细分变量来进行。消费者市场的细分变量主要有地理变量、人口变量、心理变量和行为变量这四类。

（一）地理细分

所谓地理细分，就是企业按照消费者所在的地理位置以及其他地理变量（包括城市或农村、地形气候、交通运输等）来细分消费者市场。地理细分的主要理论依据是：处在不同地理位置的消费者，他们对企业的产品具有不同的需要和偏好，他们对企业所采取的市场营销战略，对企业的产品价格、分销渠道、广告宣传等市场营销措施也各有不同的反应。市场潜量和成本费用会因市场位置不同而有所不同，企业应选择那些本企业能最好地为之服务的、效益较高的地理市场为目标市场。

（二）人口细分

就是企业按照人口变量（包括年龄、性别、收入、职业、教育水平、家庭规模、家庭生命周期阶段、宗教、种族、国籍等）来细分消费者市场。人口变量很久以来一直是细分消费者市场的重要变量。这是因为人口变量比其他变量更容易测量。

（三）心理细分

所谓心理细分，就是按照消费者的生活方式、个性等心理变量来细分消费者市场。来自相同的亚文化群、社会阶段、职业的人们可能各有不同的生活方式。生活方式不同的消费者对商品各有不同的需要；一个消费者的生活方式一旦发生变化，他就会产生新的需要。这就是说，生活方式是影响消费者的欲望和需要的一个重要因素。在现代市场营销实践中，有越来越多的企业按照消费者的不同生活方式来细分消费者市场，并且按照生活方式不同的消费者群体来设计不同的产品和安排市场营销组合。为了进行生活方式细分，企业可以用下面三个尺度来测量消费者的生活方式，即：活动（activities），如消费者的工作、业余消遣、休假、购物、体育、款待客人等活动；兴趣（interests），如消费者对家庭、服装的流行式样、食品、娱乐等的兴趣；意见（opinions），如消费者对社会、政治、经济、产品、文化教育、环境保护等问题的意见。这叫作"AIO"尺度。

企业还按照消费者的不同个性来细分消费者市场。企业通过广告宣传，试图赋予其产品以与某些消费者的个性相似的品牌个性，树立品牌形象。

（四）行为细分

所谓行为细分，就是企业按照消费者购买或使用某种产品的时机、消费者所追求的利益、使用者情况、消费者对某种产品的使用率、消费者对品牌（或商店）的忠诚度、消费者待购阶段和消费者对产品的态度等行为变量来细分消费者市场。

按照消费者使用情况，通常可以划分为非使用者、以前曾经使用者、潜在使用者、初次使用者和经常使用者几类。一般而言，资源雄厚、市场占有率高的企业，特别注重吸引潜在使用者，争取通过营销战略，把潜在使用者变为初次使用者，进而再变为经常使用者。而一些中小企业，特别是无力开展大规模促销活动的企业，主要吸引经常使用者。

在经常使用者中，不同消费者对产品的使用率也不一样，通常可以划分为少量使用者、中量使用者、大量使用者。大量使用者往往在实际和潜在购买者总数中所占比重不大，但他们所消费的商品数量在商品消费总量中所占比重却很大。因此，许多企业把大量使用者作为自己的销售对象。

按照消费者对品牌（或商店）的忠诚程度可以细分为：铁杆品牌忠诚者、几种品牌忠诚者、转移的忠诚者、非忠诚者。在铁杆品牌忠诚者占很大比重的市场上，其他品牌难以进入；在转移的忠诚者占比重较大的市场上，企业应努力分析消费者品牌忠诚转移的原因，以调整营销组合，加强品牌忠诚程度，而对于那些非忠诚者占较大比重的市场企业来说，则应审查原来的品牌定位和目标市场的确立等是否准确，并且随着市场环境和竞争环境变化重新对定位加以调整。

三、目标市场的选择依据

（一）企业能力

企业能力是指企业在生产、技术、销售、管理和资金等方面力量的总和。如果企业力量雄厚，且市场营销管理能力较强，即可选择差异性营销或无差异性营销战略。

如果企业能力有限，则适合选择集中性营销战略。

(二) 产品同质性

同质性产品主要表现在一些未经加工的初级产品上，如水力、电力、石油等，虽然产品在品质上或多或少存在差异，但用户一般不加区分或难以区分。因此，同质性产品竞争主要表现在价格和提供的服务条件上。该类产品适于采用无差异战略。

(三) 市场的同质性

如果顾客的需求、偏好较为接近，对市场营销刺激的反应差异不大，可采用无差异性营销战略；否则，应采用差异性或集中性营销战略。

(四) 视竞争者战略而定

如果竞争对手采用无差异性营销战略，企业选择差异性或集中性营销战略有利于开拓市场，提高产品竞争能力。如果竞争者已采用差异性战略，则不应以无差异性战略与其竞争，可以选择对等的或更深层次的细分或集中性营销战略。

第二节　市　场　定　位

一、定位理论的概述

定位理论最初是由美国著名营销专家艾·里斯（Al Ries）与杰克·特劳特（Jack Trout）于20世纪70年代早期提出来。里斯和特劳特认为，"定位是你对未来的潜在顾客的心智所下的功夫，也就是把产品定位在你未来潜在顾客的心中"。从中可以看出，市场定位就是对现有产品进行的一种创造性试验。随着市场营销理论的发展，人们对市场定位理论有了更深的认识。菲利普·科特勒对市场定位的定义是：所谓市场定位就是对公司的产品进行设计，从而使其能在目标顾客心目中占有一个独特的、有价值的位置的行动。市场定位的实质是使本企业和其他企业严格区分开来，并且通过市场定位使顾客明显地感觉到和认知到这种差别，从而在顾客心目中留下特殊的印象。

定位是对产品在未来的潜在顾客的脑海里确定一个合理的位置。定位的基本原则不是去创造某种新奇的或与众不同的东西，而是去操纵人们心中原本的想法，去打开联想之结。定位的真谛就是"攻心为上"，消费者的心灵才是营销的终极战场。消费者有五大思考模式：消费者只能接收有限的信息；消费者喜欢简单，讨厌复杂；消费者缺乏安全感；消费者对品牌的印象不会轻易改变；消费者的想法容易失去焦点。掌握这些特点有利于帮助企业占领消费者心目中的位置。[①]

---

① 吴健安，聂元昆. 市场营销学 [M]. 北京：高等教育出版社，2014.

二、市场定位的含义

随着市场经济的发展，在同一个市场上有许多同一品种的产品出现。企业为了使自己生产或销售的产品获得稳定的销路，就要从各方面为产品培养一定的特色，树立一定的市场形象，以求在顾客心目中形成一种特殊的偏爱。这就是市场定位要达到的目的。

市场定位的关键是企业要塑造自己的产品比竞争者更具有竞争优势的特性。竞争优势一般有两种基本类型：一是价格竞争优势，即在同等质量的条件下比竞争的产品价格更低，这就必须力求降低单位成本；二是偏好竞争优势，即能提供确定的特色来满足顾客的特定偏好，抵消高价格带来的不利影响。

三、营销定位策划的基本内容

（一）产品定位策划

所谓产品定位，就是指企业的产品要针对当前的和潜在的顾客需求，开展适当的营销活动，以使得其在顾客心目中得到一个独特的有价值的位置。

产品定位策划是针对产品开展的，其核心是要指向产品为其服务的，实质就是做产品的差异化。产品定位是基于卓越的产品质量和独特的产品个性而形成的，其内容主要包括：（1）产品的质量定位；（2）产品的功能定位；（3）产品的造型定位；（4）产品的体积定位；（5）产品的色彩定位；（6）产品的价格定位；等等。

（二）品牌定位策划

品牌定位，就是指企业的产品及其品牌，基于顾客的生理和心理需求，寻找其独特的个性和良好的形象，从而凝固于消费者心目中，占据一个有价值的位置。品牌定位策划可以以产品定位为基础，也可不以产品定位为基础。一是以产品定位为基础。如果产品本身有差异，当然最有利于企业做品牌定位，企业可以通过品牌传播把这种差异定位在消费者头脑中，其核心是要打造品牌价值。品牌定位的载体是产品，其承诺最终通过产品兑现，因此必然已经包含产品定位于其中。二是以顾客定位为对象。品牌定位属于广告活动或传播活动，其目的是对已有的产品进行传播，使消费者认可该产品。因此，使产品没有差异，品牌定位仍然可以做出消费者的主观认知差异。

（三）企业定位策划

企业定位是指企业通过其产品和品牌，基于顾客需求，将企业独特的个性、文化和良好形象，塑造于消费者心目中，并占据一定的位置。企业定位策划包括产品定位、品牌定位等层次的定位过程，并以企业发展战略为基础。企业定位策划的策略有：市场领导者定位策略、市场追随者定位策略和市场挑战者定位策略等。

四、市场定位的步骤

（一）确认本企业的竞争优势

市场定位的第一步是要做好三个方面的工作：一是分析竞争形势，确定主要竞争对手，对现实与潜在竞争者市场进入状况及产品定位作出正确的估计和评价；二是评估目标市场的潜量，目标市场的需求满足程度如何，它们确实还需要什么；三是针对竞争者的市场定位和潜在顾客的利益要求，决定企业应该做些什么，衡量企业的条件和能力是否能做到。企业通过上述分析研究便可以进一步明确自己的潜在竞争优势在何处。

（二）准确地选择相对竞争优势

市场定位的第二步是准确地选择相对竞争优势。相对竞争优势表明企业能够胜过竞争者的现实和潜在的能力，准确地选择相对竞争优势是一个企业各方面实力与竞争者的实力相比较的过程，以此来帮助企业更好地形成鲜明的市场定位。

（三）显示并传播独特的竞争优势

市场定位的第三步是企业要通过一系列的宣传促销活动，将其独特的竞争优势准确传播给潜在顾客，并在顾客心目中留下深刻印象。为此，首先，企业应使目标顾客了解、熟悉、认同、喜欢和偏爱本企业的市场定位，在顾客心目中建立与该定位相一致的形象；其次，企业通过一切努力保持对目标顾客的了解，稳定目标顾客的态度和加深目标顾客的感情来巩固与市场定位相一致的形象；最后，企业应注意目标顾客对其市场定位理解出现的偏差或由于企业市场定位宣传上的失误而造成的目标顾客模糊、混乱和误会，及时纠正与市场定位不一致的形象。

五、市场定位的依据

在市场营销实践中，企业可以根据产品的属性、利益、价格、质量、用途、使用者、产品档次、竞争局势等多种因素或其组合进行市场定位。具体来讲，市场定位的主要依据包括：

（一）产品特色定位

产品特色定位是指突出具体产品特色，如某企业推出酒味浓醇、苦味适度的啤酒，用来满足那些不喜欢又苦又浓的啤酒消费者的需要。

龙井茶、瑞士表等都是以产地及相关因素定位，而一些名贵的中成药的定位则充分体现了原料、秘方和特种工艺的综合。

（二）顾客利益定位

顾客利益定位是指突出产品能给予顾客某一方面利益。这里的利益包括顾客购买产品时追求的利益和购买企业产品时能获得的附加利益。这一利益点是其他产品无法提供或者没有诉求过的，因此是独一无二的。

在汽车市场，宝马称"驾驶乐趣"，丰田"经济可靠"，菲亚特则"精力充沛"，而奔驰是"高贵、王者、显赫、至尊"的象征。

（三）使用者定位

使用者定位是指把产品引导给某一特定顾客群体，将某些产品指引给适当的使用者即某个细分市场，以便根据细分市场的看法塑造恰当的形象。

小米手机最早的定位为"为手机发烧友而生"，这一定位主要针对使用小米手机的人群，定位鲜明。

（四）竞争定位

竞争定位是指突出本企业产品与竞争者同档产品的不同特点，通过评估选择，确定对本企业最有利的竞争优势并加以开发。

在方便面市场，五谷道场第一个提出"非油炸方便面"，采取热风烘干非油炸工艺，充分保留了面饼中的蛋白质和碳水化合物，一下子和其他方便面区分开来。

（五）比附定位

比附定位是以竞争品牌产品为参照物，依附竞争者定位。比附定位的目的是通过品牌竞争提升自身品牌的价值与知名度。

20世纪60年代美国DDB广告公司为爱维斯租赁汽车创作的"老二宣传"便是运用比附定位取得成功的经典。因为巧妙地与市场领导建立了联系，爱维斯的市场份额大幅度上升了28个百分点，大大拉开了与行业中排行第三的租车公司的差距。

（六）心理定位

心理定位法包括对准消费者的认知心理和需求心理进行定位。其目的是扩大需求，刺激消费，使企业拥有更广阔的市场空间。

20世纪40年代，速溶咖啡最早造成产品滞销的原因是广告主题与消费者内心的自我形象观念发生了冲突。后来，速溶咖啡的厂商对广告进行了重新定位，转而强调它的美味、芳香、质地醇厚等品质，这样一来，很快打开了市场并畅销至今。

（七）文化定位

将某种文化内涵注入产品之中，形成文化上的品牌差异，称为文化定位。文化定位不仅可以大大提高品牌的品位，而且可以使品牌形象独具特色。

"金六福"在进行品牌运作与品牌传播的过程当中,把在中国具有亲和力与群众基础的"福"文化作为品牌内涵,促进了品牌文化与酒文化的比翼双飞。

(八)类别定位

根据产品类别建立的品牌联想,称作类别定位。类别定位力图在消费者心目中造成该品牌等同于某类产品的印象,已成为某类产品的代名词或领导品牌,让消费者有某类特定需求时就会联想到该品牌。

金佰利成长裤成功避开纸尿裤市场,将其产品定位为"成长裤",成功开辟了一个新的品类。

六、市场定位的方法

企业开展市场定位的主要思维方式和常用方法有以下几种:

(一)初次定位

初次定位是指新企业初入市场,企业新产品投入市场或产品进入新市场时,企业必须从零开始,运用所有的市场营销组合,使产品特色确实符合所选择的目标市场。但是,企业要进入目标市场时,往往是竞争者的产品已经上市或形成了一定的市场格局。这时,企业就应认真研究同一产品竞争对手在目标市场的位置,从而确定本企业的产品的有利位置。

扩展阅读

在健胃消食片进行市场定位的时候,当时与其竞争的包括"吗丁啉"以及酵母片。经过对消费者的调查发现,消费者认知吗丁啉主要通过医生介绍,且药片名称给人一种感觉,那就是只有胃部真的有毛病了才会去吃,而且"吗丁啉"倾向于处方用药。另外,"吗丁啉"的广告语为增强胃动力,其效果其实与健胃消食片类似。而酵母片主要是父母给儿童的维生素片,因为副作用小而被广泛接受。通过对竞品的分析,健胃消食片将自己定位为日常助消化用药,主要诉求日常都能吃,明显区别于"吗丁啉"与酵母片,将自己成功推向市场。

(二)重新定位

重新定位是指企业变更产品特色,改变目标顾客对其原有的印象,使目标顾客对其产品形象有一个重新认识的过程。市场重新定位对于企业适应市场环境、调整市场营销战略是必不可少的。企业产品在市场上的定位即使很恰当,但出现下列情况时也需考虑重新定位:一是竞争者推出的市场定位在本企业产品的附近,侵占了本企业品牌的部分市场，使本企业品牌市场占有率有所下降；二是消费者偏好发生变化，从喜爱本企业某个品牌转移到喜爱竞争对手的某个品牌。企业在重新定位前，还需考虑两个主要因素：一是企业将自己的品牌定位从一个子市场转移到另一个子市场时的全部费用；二是企业将自己的品牌定在新位置上的收入有多少，而收入多少又取决于该子市场上的购买者和竞争者情况，取决于在该子市场上销售价格能定多高等。

万宝路香烟从女人烟到男人烟的定位转化，并且重新定位之后重点突出万宝路香烟的男人味，由此在销量上取得了巨大提升。

（三）对峙定位

对峙定位是指企业选择靠近现有竞争者或与现有竞争者重合的市场位置，争夺同一个顾客群体，彼此在产品、价格、分销及促销等各个方面差别不大。这种定位方法风险很大，企业必须冷静地估计自己的实力，否则将遭遇危险甚至会受到致命打击。

 扩展阅读

可乐争霸战

挑战途径：攻击市场领先者。在饮料行业，可口可乐和百事可乐一个是市场领导者，一个是市场挑战者。世界上第一瓶可口可乐于1886年诞生于美国，距今已有120多年的历史。这种神奇的饮料以它不可抗拒的魅力征服了全世界数以亿计的消费者，成为"世界饮料之王"。作为市场后起者，两种策略可供选择：向市场领导者发起攻击以夺取更多的市场份额———挑战者策略；或者是参与竞争，但不让市场份额发生重大改变——追随者策略。显然，经过近半个世纪的实践，百事可乐深刻地意识到，后一种选择连公司的生存都不能保障，是行不通的。于是，百事可乐向可口可乐发出强有力的挑战，并在与可口可乐的交锋中越战越强最终形成分庭抗礼之势。

挑战策略：以价格战手段进行的正面进攻＋以细分市场为手段的侧翼进攻＋地理性侧翼进攻将战火蔓延到全世界。提出"年轻版可口可乐"的市场定位。挑战结果：百事可乐与可口可乐的销售差距从1960年的2.5∶1，缩小到1985年的1.15∶1，可口可乐的领导地位首次出现危机是在1985年底，百事可乐的销售额度超过了可口可乐，直到1986年可口可乐才夺回宝座。

资料来源：可乐争霸战［EB/OL］. https://business.sohu.com/43/08/article211700843.shtml。

（四）避强定位

避强定位是指企业避开目标市场上强有力的竞争对手，将其位置确定于市场"空白点"，开发并销售目标市场上还没有的某种特色产品，开拓新的市场领域。其优点是能迅速立足于市场,在目标顾客心中树立良好的形象。由于它风险较小,成功率较高,很多中小企业乐意采用。但空白的子市场往往也是有一定难度的市场,需要企业在营销技巧和营销努力等各方面比竞争对手有更多投入。

 扩展阅读

维珍:永远的"补缺者"

维珍品牌在英国的认知度达到了96%,从金融服务业到航空业,从铁路运输业到饮料业,消费者公认这个品牌代表了质量高、价格廉,而且时刻紧随时尚的消费趋势,这是其他品牌无法与之相比的。

从1970年到现在,维珍集团成为英国最大的私人企业,旗下拥有200多家大小公司,涉及航空、金融、铁路、唱片、婚纱等,俨然半个国民生产部门。但是,维珍产品在所处的每一个行业里都不是名列前茅的老大或老二,而是一只"跟在大企业屁股后面抢东西吃的小狗"。这正是维珍的老板布兰森本人所期望的。维珍总是选择进入那些已经相对成熟的行业,给消费者提供创新的产品和服务。可以说,在它进入的每一个行业里,维珍都成功地扮演了"市场补缺者"和"品牌领先者"的角色。

布兰森认为,在一个成熟的市场环境里竞争,竞争的压力加剧了企业间的相互模仿,追求标准、降低成本、回避风险成了企业的游戏规则,企业自身的创新潜力受到了压制,而消费者只能在价格上进行比较。这导致了相当糟糕的局面:管理者思想僵化、新的创意越来越少。这正是维珍的机会。维珍提供给目标顾客的是那些老大们没有想到,或者是不愿意去做,而消费者其实很欢迎、很需要、能够从中得利的产品和服务。如维珍航空公司在运营之初就取消了头等舱,而重点建设没有被很好满足的经济舱和商务舱,吸引了大批客户。

维珍集团的经营虽然天马行空,涵盖了生活的方方面面,但是所有产品和服务的目标客户群都锁定在了"不循规蹈矩的、反叛的年轻人"身上。它把握了现代人注重享受生活、体验生活、追求个性的心理,赢得了年轻客户的认同和信任,通过对他们的长期服务和研究,掌握了关于他们职业、兴趣的信息,让他们成为维珍集团源源不断的财富源泉。

资料来源:维珍:永远的"补缺者"[EB/OL]. https://www.docin.com/p-634863873.html。

七、营销定位的原则

(1)可入性原则。

可入性原则指在策划中所确定的营销定位,是企业能够达到的;对于细分出来的市场，企业通过运营某些有效的手段和路径是能够进入的。

（2）现实性原则。

现实性原则指作为营销定位的细分市场必须是现实的、可操作的。

（3）价值性原则。

价值性原则指作为营销定位的目标市场必须有可供开发的价值，尤其是经济价值。

 扩展阅读

定位：王老吉的飙红主线

为什么红色王老吉能够如此迅速地红遍大江南北呢？当我们进一步追溯其原因时，发现导致王老吉成功的原因有很多，但至关重要的，是王老吉在谋求全国市场时，对红色罐装王老吉凉茶的重新定位。

一、不温不火的头7年

王老吉来自香港，它来到内地归功于广东加多宝饮料有限公司。20世纪90年代中期，加多宝公司取得了香港"王老吉凉茶"的品牌经营权之后，开始生产红色罐装的王老吉饮料。因为在两广地区对于王老吉的凉茶概念和品牌认知都比较充分，所以王老吉在区域范围内有比较固定的消费群，连续几年的销售额也稳中有增，盈利状况良好。王老吉凉茶进入内地的头7年，虽说一直处于不温不火的状态中，默默无闻地固守着一方区域市场，但加多宝公司仍然所获颇丰。可是，企业总是有做大的期望，而且王老吉凉茶20年的品牌租赁期，转眼间已经过去了7年。加多宝开始谋划更大的市场，力求最大限度地把王老吉凉茶的产品和品牌做好做大。于是他们找到了成美（广州）行销广告公司（以下简称"成美"），最开始的初衷，只是要成美以"体育和健康"为主题，给红色王老吉拍摄一条有关赞助奥运会的广告片，解决产品的广告宣传问题。成美公司总经理耿一诚说："当时接到这个提案的时候，我们发现王老吉的核心问题不是通过简单地拍广告片可以解决的，关键是没有一个清晰明确的品牌定位。红色王老吉销售了7年，可是企业无法回答红色王老吉是什么，消费者也无法回答。但是一年一亿多元的销售额，就说明了市场是存在的，它一定能满足消费者的某种需要，而这种需要并没有明确地凸显出来。"

二、解决产品定位的三块短板

经过深入沟通，加多宝公司接受了成美的建议，决定暂停广告片的拍摄，委托成美先对红色王老吉进行品牌定位。经过两个月的市场调查和市场研究，成美发现以下三个困扰企业继续成长的"短板"，它们不但阻碍了红色王老吉开拓新市场，甚至威胁到已有的市场份额。

1. 消费者的认知混乱。

在广告界，王老吉家喻户晓。王老吉是一种有药效的饮用品，已成为凉茶的代称。由于药性太凉，不宜经常饮用。这种"药"的观念直接决定了红色王老吉在广东虽有固定的消费量，却限制了它的增长。

2. 企业宣传的概念模糊。

加多宝不愿把王老吉以"凉茶"的概念来推广，因为会限制其销量，但作为"饮料"推广又没有找到品牌区隔，因此在广告宣传上也就没有鲜明的主张来打动消费者。王老吉曾经有这样一条广告：一个可爱的小男孩为了打开冰箱拿一罐王老吉，用屁股不断地蹭冰箱门。这条广告的广告语是"健康家庭，永远相伴"，而这样的打亲情牌的广告并不能够体现红色王老吉的独特价值。

如果把王老吉置于饮料市场，以可口可乐、百事可乐为代表的碳酸饮料，以康师傅、统一为代表的茶饮料，以及众多的果汁饮料和功能饮料都处在难以撼动的市场领先地位。

3. 产品概念的地域局限。

一方面，凉茶概念最深入人心的是两广地区。而在两广以外，人们并没有凉茶的概念。在市场调查中，北方消费者甚至会说："凉茶就是凉白开吧"，"我们不喝凉的茶水，泡热茶"。如此看来凉茶概念不是最优选择。而且内地消费降火的需求已经被牛黄解毒片占据，市场进入难度大。

三、借"预防上火"一鸣惊人

针对王老吉当红未红的三大软肋，2003年春节后成美给红色王老吉作了重新定位于"预防上火"的饮料。这一定位立足于全国市场，对红色王老吉的品牌做出全面的调整，并把品牌定位用消费者容易理解和容易记住的一句广告词来表达——"怕上火，喝王老吉"。这一简洁明了的定位，既彰显了红色王老吉的产品特性，也有效地解决了王老吉原有的品牌错位。对王老吉来说，这个定位解决了企业在定位王老吉过程中所面临的多处矛盾。如虽然凉茶的概念只在两广一代，但是上火确实全国都认同的中医理念。

对王老吉来说，市场是确定的，但定位并不清晰。在红色王老吉前7年的推广中，消费者不知道为什么要买它，企业也不知道怎么去卖它。但随着定位的清晰，王老吉的广告也越来越明确，主要展示上火情境，来加深消费者对王老吉预防上火的印象。

资料来源：林思勉. 定位：王老吉的飙红主线[J]. 赢销，2005（1）：48-52。

本章小结

市场定位是指企业针对潜在顾客的心理进行营销设计、创立产品品牌或者企业在目标顾客心目中的某种形象和某种个性特征，保留深刻的印象和独特的位置，从而取得竞争优势。

随着商业化社会的发展，同质化的产品越来越严重。企业为了使得自己生产或者销售的产品能够获得认可并有稳定的销售,就必须进行产品差异化。而如何将这种差异化植入消费者的心智是产品市场定位的主要任务。

在市场定位的过程中,首先必须了解目标消费者的特征以及竞争对手的定位情况,从而了解本企业产品或者服务可能或者能够更好占据的心智领域。市场定位的方法如前文所列一共有四个,分别是初次定位、重新定位、对峙定位以及避强定位。但不论哪种方法,都离开不对消费者以及竞品的了解。

市场定位在营销策划中占有极为重要的地位,决定后面策划方案的方向以及传播的主题信息,因此成功的定位是策划的开始。只有在消费者的心目中占领独一无二的位置,才能更好地在同质化的竞争中获得优势。

【思考题】

1. 什么是营销定位策划?
2. 营销定位的方法有哪些?
3. 市场细分的选择标准有哪些?
4. 营销定位的流程是什么?
5. 请列举一个例子,来探讨其营销定位策略?

第六章 产品策略

【学习目标】

- 了解新产品的概念与特点
- 掌握新产品开发的策略
- 了解产品品牌策略的概念
- 掌握品牌化决策的方法
- 了解产品包装策略的概念、分类和功能
- 掌握产品包装的策略
- 理解产品包装和品牌的关系

科学技术的飞速发展,导致产品生命周期越来越短。在20世纪中期,一代产品通常意味着20年左右的时间;而到90年代,一代产品的概念不超过7年,到了21世纪产品生命周期更短,有些产品概念甚至只有几个月。生命周期最短的是计算机产品,根据摩尔定律,计算机芯片的处理速度每18个月就要提高一倍,而芯片的价格却以每年25%的速度下降。这一切促使企业为了自身的生存与发展,必须不断开发新产品,以迎合市场需求的快速变化。

第一节 产品设计与开发策略

一、新产品的概念

新产品是指在一定的地域内,第一次生产和销售的,在原理、用途、性能、结构、材料、技术指标等某一方面或几个方面比老产品有显著改进、提高或独创的产品。

二、新产品的特点

新产品应具备下列一个以上的特点:(1)具有新的原理、构思或设计;(2)采用了新材料,使产品的性能有较大幅度的提高;(3)产品结构有明显的改进;(4)扩大了产品的适用范围。

三、新产品的分类

一般而言，新产品按其具备的创新程度，可分为全新产品、改进型新产品、系列型新产品、仿制型新产品。

全新产品是指应用新原理、新技术、新材料，具有新结构、新功能的产品。该新产品是企业在市场上首先开发，能开创全新的市场。

改进型新产品是指在原有老产品的基础上进行改进，使产品在结构、功能、品质、花色、款式及包装上具有新的特点和新的突破，改进后的新产品，其结构更加合理，功能更加齐全，品质更加优质，能更多地满足消费者不断变化的需要。

系列型新产品是指在原有的产品大类中开发出新的品种、花色、规格等，从而与企业原有产品形成系列。

仿制型新产品是企业对国内外市场上已有的产品进行模仿生产，称为本企业的新产品。

不论哪类新产品，除具有一般产品的特征之外，还具有以下特征：（1）创新性。新产品往往具有新的原理、新的构思和设计、由新的材料和新的元器件构成，具有新的性能、用途等创新或改进内容。（2）先进性。新产品必须在技术上先进，性能、质量、能耗等技术经济指标要比老产品有明显的提高。（3）继承性。任何发明创造或新产品，都是在以往知识积累的基础上孕育产生的。

四、新产品设计思路

现代意义上的产品策划，已不仅仅限于产品设计的范畴，还要考虑产品如何打入市场，如何制定广告策略、如何让顾客钟情、如何打击竞争对手，在更大的范围内考虑公司实力与股东关系，甚至于社会文化发展趋势……范围之广，内容之多，常常是企业策划者凭直觉在变幻莫测的市场中进行的冒险活动，但"有些场合，最大的冒险表现了最大的智慧"[1]。这种智慧，表现在产品在市场打开销路并夺得一席之地方面，便是到位的、系统的产品策划。

一般情况下，产品的寿命周期分为引入期、成长期、成熟期和衰退期等四个阶段组成。特别是在产品进入衰退期之前，要想着及时开发新产品作为替代品。再者，"好的开始是成功的一半"，产品导入期的成败直接关系一种产品能否成功地打入市场，占有一定的市场份额。新产品开发的思路可从下面几个方面加以把握：

（一）领先型策划

这种策划指的是以先进的科技为基础从而开发出一种全新产品、建立一个全新的

---

[1] 克劳塞维茨. 战争论 [M]. 沈阳：辽宁人民出版社，2016.

市场、创造出一个全新空间的策略。

（二）跟随型策略

这种策略也就是站在巨人的肩膀上继续前行，在他人成果的基础上继续创新，把他人的成果利用到新的领域。它的特点是风险小、效益高。

（三）依赖型策略

依赖型策略也就是在大市场中占领某个小市场。这一策划往往将构思焦点投入某一产品或服务，着力开发其附属的但又是必不可少的配件或是某一市场中看好的、可大力开发并为此市场服务的相关市场。因为被附属的产品正处于一种上升的势头，相应的依赖型产品也具有同等需求，必将会带动它的发展。

（四）仿效型策略

也就是自己不去搞研究，而是紧随他人之后，仿效国内外同类新产品，仿制生产，投放市场。这样，减少了技术上的风险，投入的资金较少，但见效很快，适用于经济落后国家的企业在开发新产品的初期。

（五）增加功能、用途型策略

无论何种产品都有自己的寿命周期，严防产品衰老的最好办法是挖掘产品的新功能、新用途，消费者也恰恰是以享用这些新功能为动机购买产品。

（六）组合型策略

随着人们需求层次的提高，组合型新产品以其"一物多能"为特点，可满足顾客多种要求；并将其向着广度、深度发展，会拥有越来越广阔的前景。

五、新产品开发策略

新产品开发要以满足市场需求为前提，企业获利为目标，遵循"根据市场需要，开发适销对路的产品；根据企业的资源、技术等能力确定开发方向；量力而行，选择切实可行的开发方式"的原则进行。

采用何种策略则要根据企业自身的实力，根据市场情况和竞争对手的情况。当然，这与企业决策者的个人素质也有很大关系，开拓型与稳定型的经营者会采用不同的策略。常用的策略有：

（一）先发制人策略

先发制人策略是指企业率先推出新产品，利用新产品的独特优点，占据市场上的有利地位。采用先发制人策略的企业应具备占据市场"第一"的意识。因为对于广大消费者来说，对企业和产品形象的认知都是先入为主的，他们认为只有第一个上市的产品才是正宗的产品，其他产品都要以"第一"为参照标准。因此，采取先发制人策略，就能够在市场上捷足先登，利用先入为主的优势，最先建立品牌偏好，从而取得丰厚的利润。而且，从市场竞争的角度看，如果你能抢先一步，竞争对手就只能跟在后面追，而你不满足占领已有的市场，连续不断地更新换代，开发以前没有的新产品、新市场，竞争对手就会疲于奔命。一个不断变化的目标要比一个固定的靶子更让人难以击中，这样就会取得竞争优势。采用先发制人的策略，企业必须具备以下条件：企业实力雄厚，且科研实力、经济实力兼备，并具备对市场需求及其变动趋势的超前预判能力。

（二）模仿式策略

模仿式策略就是等别的企业推出新产品后，立即加以仿制和改进，然后推出自己的产品。这种策略是不把投资用在抢先研究新产品上，而是绕过新产品开发这个环节，专门模仿市场上刚刚推出并畅销的新产品，进行追随性竞争，以此分享市场收益。所以，又称为竞争性模仿，即既有竞争，又有模仿。竞争性模仿不是刻意追求市场上的领先，但它绝不是纯粹的模仿，而是在模仿中创新。企业采取竞争性模仿策略，既可以避免市场风险，又可以节约研究开发费用，还可以借助竞争者领先开发新产品的声誉，顺利进入市场。更重要的是，它通过对市场领先者的创新产品做出许多建设性的改进，有可能后来居上。

（三）系列式产品开发策略

系列式产品开发策略就是围绕产品向上下左右前后延伸，开发出一系列类似的、但又各不相同的产品，形成不同类型、不同规格、不同档次的产品系列。采用该策略开发新产品，企业可以尽量利用已有的资源，设计开发更多的相关产品，如海尔围绕客户需求开发的洗衣机系列产品，适合了城市与农村、高收入与低收入、多人口家庭与少人口家庭等不同消费者群的需要。

在选择不同策略的基础上，企业应根据具体情况选择相应的新产品开发的方式：

（1）独立研制方式。这种方式指企业依靠自己的科研和技术力量研究开发新产品。

（2）联合研制方式。联合研制方式是指企业与其他单位，包括大专院校、科研机构以及其他企业共同研制新产品。

（3）技术引进方式。技术引进方式是指通过与外商进行技术合作，从国外引进先进技术来开发新产品，这种方式也包括企业从本国其他企业、大专院校或科研机构引进技术来开发新产品。

（4）自行研制与技术引进相结合的方式。这种方式是指企业把引进技术与本企业的开发研究结合起来，在引进技术的基础上，根据本国国情和企业技术特点，将引进技术加以消化、吸收、再创新，研制出独具特色的新产品。

（5）仿制方式。按照外来样机或专利技术产品，仿制国内外的新产品，是迅速赶上竞争者的一种有效的新产品开发方式。

六、新产品开发的程序

开发新产品通常要经历以下几个阶段：产品构思、筛选、产品初步设计、可行性研究、试制和鉴定、试销、正式投产和上市。

（一）产品构思

产品构思又称创意，是指对新产品的设想。产品构思的内容包括产品使用目的、基本功能、产品大致轮廓和大概制造方法等。市场需求是开发新产品的出发点，产品构思来自市场有关的几个方面：一是用户；二是销售者；三是科技人员。产品构思的其他一些来源包括中间商人、企业生产人员和管理人员，乃至竞争对手。

（二）筛选

在筛选时必须考虑两个重要因素：（1）构思的新产品是否符合企业的目标，如利润目标、销售稳定目标、销售增长目标和企业总体营销目标等。（2）企业是否具备足够的实力来开发所构思的新产品，这种实力包括经济和技术两个方面。

（三）产品初步设计

产品构思抽象地提出了开发新产品的方向和途径，构思虽经筛选但仍是抽象产品，把抽象产品具体化，需要从原理、结构、外形、性能等方面对筛选出来的产品构思进行初步的产品设计，以达到产品构思所提出的目标。

（四）可行性研究

在产品初步设计的基础上，对新产品方案进行可行性研究，是进一步决定产品取舍的重要环节。

（五）试制和鉴定

新产品实体开发主要解决产品构思能否转化为在技术上和商业上可行的产品这一问题。它是通过对新产品实体的设计、试制、测试和鉴定来完成的。

（六）试销

新产品的试销，是把经过鉴定的样品投入少量的生产，按企业所制定的营销策略计划，将产品小范围投放市场，以观测用户的反应，并把用户的意见及时反馈，对新产品做进一步的改进后再试销。这个过程有时要反复多次。

（七）正式投产和上市

新产品经过试销获得成功后，企业就可把产品正式投入大批量生产。正式投产不仅需要大量资金，企业还应注意上市的时间、地点以及市场营销策略。

第二节 产品品牌策略

一、品牌的含义及相关的概念

商品都有自己的名称,即商品的品名,如汽车、冰箱、饮料、电脑等,商品的品名只是商品的通用名称,商品除了通用名称外还应该有商业名称,这就是品牌。如通用汽车、海尔冰箱、统一冰红茶、联想电脑等,其中通用、海尔、统一、联想就是商品的品牌了。品牌(brand)是一个综合、复杂的概念,是商标、名称、包装、价格、历史、声誉、符号、广告风格的无形总和。

美国市场营销协会(AMA)曾为品牌做出这样的定义:品牌是一个名称、名词、标志、符号或者设计,或是它们的组合,其目的是识别某个销售者或某个群体销售者的产品或劳务,并使之同竞争对手的产品或劳务相区别开来。

与品牌相关的概念有品牌名称、品牌标志和商标。品牌名称是指品牌中可以用语言发音来表达的部分,如通用、海尔、统一、联想等;品牌标志是指品牌中可以识别但不能用语言发音来表达的部分,诸如符号、图案或专门设计的颜色和字体,比较著名的标识有麦当劳的金色大拱门"M"、可口可乐的红白飘带、花花公子的兔小姐、米高梅的狮子等。商标则是经过注册登记受法律保护的品牌中的一部分,企业的产品品牌经过必要的法律注册程序成为商标后,企业获得品牌名称和品牌标识的专用权。它不仅仅是一个商品的标志,更重要的是作为企业的一种形象而存在。

(一) 品牌的分层

品牌从本质上讲就是代表着厂商对销售给购买者的产品特征、利益和服务的一贯性的承诺,最佳的品牌就是产品质量的保证。美国密歇根大学"国家质量研究中心"的克雷·弗内尔等研究人员花了5年的时间,研究了77家瑞典企业后发现,最能让消费者满意一个品牌的原因就是质量。美国备受推崇的品牌策略专家大卫·爱格也把顾客感知质量列为强势品牌资产的四大要素(其余三要素为品牌的知名度、品牌忠诚度、品牌联想力)。但是,品牌还是一个复杂的象征也就是消费者备受关注的六层次。

1. 属性。

品牌首先使人们想到某种属性,如海尔就是稳重、信赖、零缺陷、星级服务和真诚到永远的赤诚之心。企业可以采用一种或几种属性作为诉求点为产品做广告,海尔就是以星级服务和"真诚到永远"来赢得顾客的。

2. 利益。

顾客购买的不是属性,而是利益。因为属性需要转化为功能性或情感性的利益。就拿汽车来说吧,耐用属性可以转化为功能性的利益,"至少我几年之内不用再买车了";昂贵的属性可以转化为情感性的利益,"奔驰S60让我备受同行的尊重";制作精良的属性可以转化为功能性和情感性的利益,"万一出现交通事故,我很安全"。

3. 价值。

品牌也需说明一些制造商的价值,例如捷豹汽车,捷豹不屑模仿,正如其车主一样,捷豹与其他汽车的不同不在于其外形和制造工艺,这种不同在于灵魂、情感和不步人后尘。因此,该品牌的营销者就必须寻找对这些价值感兴趣的消费者群体。

4. 文化。

品牌一般都能代表一种文化,奔驰汽车代表德国文化的高度组织、效率和质量;可口可乐则承载着美国文化中"乐观奔放、积极向上、勇于面对困难"的精神内涵与价值观;海尔家电则孕育着中国儒家文化的真诚到永远。

5. 个性。

品牌也可能代表一定的个性,如果品牌是一个人、动物或物体,会让人们想到点什么。例如,乔布斯会让人想到创新改变世界,农夫山泉会让人想到中国的地大物博、山清水秀。

6. 用户。

品牌还可能暗示购买者或使用者该品牌的消费者类型。如人们看到20多岁的上班族开着一辆奔驰可能会感到吃惊,而看到35岁以上的高级经理开着奔驰就不会大惊小怪了。

(二) 品牌化的要点

所谓品牌化,就是确定产品的一组市场含义,使之与市场上其他同类产品相区别。品牌化的挑战在于制定一套品牌含义,当消费者可以识别品牌的上述六个层次时,我们称之为深度品牌。否则,它只是一个肤浅的品牌。因此,营销人员必须确定品牌的深度含义。首先,营销人员不能只强调品牌的属性。因为购买者感兴趣的是品牌的利益而不是属性,真正抓住购买者的诉求点才能得到市场。其次,只强调品牌的某些利益也存在风险。如海尔空调只强调质量是"零缺陷",那些竞争者(如美的)可能推出质量更好的空调。顾客也可能认为性能好不如其他利益重要,这时候海尔空调的竞争优势就很难维持。因此,必须更大范围地加强品牌的利益地位。最后,品牌的实质应包含其价值、文化和个性,企业必须在其品牌营销中反映出这些内容。例如,如果奔驰公司以奔驰的名称推出一种新的廉价小汽车,那将会破坏奔驰公司苦心经营的品牌价值和个性。

(三) 品牌化的意义

1. 便于顾客识别和选购商品。

在今天的市场上,品牌已经成为一种产品区别于其他同类产品的主要标志。例如,在家电市场,海尔意味着高科技、零缺陷及星级服务;格兰仕微波炉则代表着经济、普及。

2. 促进销售和增加利润。

有人做过试验,把几种牌子的啤酒分别倒在相同的杯子里,请不同品牌的忠诚者品尝鉴别,结果很少有人能准确地尝出其所喜好的品牌。由此可见,品牌能够对人的心理发生作用,使消费者对产品产生好感。特别是具有著名品牌和驰名商标的产品,更容易取得购买者的信任,促使顾客形成品牌偏好,重复购买甚至愿意出高价购买,从而有助于稳定和扩大销售,并获得比一般产品更多的利润。

3. 有利于营销沟通。

品牌有助于建立企业印象,企业在与消费者的营销沟通中,消费者更容易记得企业名称和产品技术。在实际经济生活中,人们可能不知道某个产品是由哪家企业生产的,但却知道其品牌名称和品牌标志。

二、品牌决策

(一) 品牌化决策

所谓品牌化决策,就是企业是否要给产品加上品牌名称。通常情况下,可选择的策略有无品牌策略和有品牌策略。

在过去,许多产品都不用品牌,生产者和中间商直接用桶、箱子和容器来销售,无须供应商的任何识别标志。但是随着商品经济的发展,商品不断丰富,促使品牌由诞生到发展,产品品牌化现象到今天已经十分普遍,从小到蔬菜水果食盐,大到飞机汽车,无一不使用品牌。例如,美国的连锁超市沃尔玛,"惠宜"就是沃尔玛的自有品牌,沃尔玛自己的产品便印有惠宜品牌以及商标。又如,我国本土的永辉超市,"田趣""优颂"就是永辉超市的自有品牌,我们可以在永辉超市看到印有这两个品牌的有机农产品和日用品。

(二) 品牌的归属决策

在决定对产品使用品牌后,企业在如何使用品牌方面有几种选择:产品可以以制造商品牌推入市场,也可以以经销商的品牌推入市场,还可以以特许品牌推入市场。当制造商的品牌在市场上居于主导地位时,绝大多数制造商会使用自己的品牌,如索尼、松下、海尔等;当制造商在不熟悉的新市场上销售产品或者自己的声誉远不如经销商的商誉时,大部分就会考虑使用经销商的品牌,以利用经销商在消费者中建立的信誉使自己的产品尽快进入目标市场。目前比较著名的经销商品牌有美国的沃尔玛、法国的家乐福、德国的麦德龙等。另外一种决策是特许品牌,如麦当劳的特许经营等。

(三) 品牌家族决策

对企业生产的各种不同的产品,是使用同一个品牌还是分别使用不用的品牌,成了企业面临的一个重大决策。通常情况下,品牌家族决策至少可以分成以下四种情况:

1. 统一品牌。

统一品牌即对所有的产品使用共同的家族品牌名称。日本索尼公司的所有产品都使用"sony"这个品牌名称；我国台湾统一食品公司也在其产品上使用"统一"这个品牌。统一品牌的好处是：可以利用已经成功的品牌推出新产品，容易使消费者产生信任感，可以壮大企业的声势、提升企业的市场形象，以及节约建立新品牌的费用。但是，如果某个产品信誉出现了危机将会严重影响企业的整体形象，整个产品组合也将会面临极大的危机。

2. 个别品牌。

个别品牌即企业对各种不同的产品使用不同的品牌，像宝洁公司在它的产品中就使用了不同的品牌，"海飞丝""飘柔""潘婷""沙宣"等。使用个别品牌，能严格区分不同质量水平的产品，便于消费者识别和选购所需的产品，当个别产品出现信誉危机时，对其他产品和整个企业的信誉影响较小。但是，这种策略会增加品牌建立费用和产品促销费用。

3. 分类品牌。

分类品牌即对各产品线分别使用不同的品牌，例如安利公司，营养保健食品的品牌名称为纽崔莱，美容化妆品品牌名称为雅姿，身体护理系列的品牌名称为雅蜜。采用分类品牌策略可以兼顾统一品牌和个别品牌的优点，弥补两者的缺点。

4. 主副品牌策略。

主副品牌策略即企业决定其不同类别的产品分别采取不同的品牌名称，且在品牌名称之前都加上企业的品牌名称。采用这种策略，可以使新产品享受企业的声誉，便于打开销路；而各产品分别使用各自的品牌，又可使各种新产品显示出不同的特色。如"海尔－小神童"洗衣机。

5. 合作品牌策略。

合作品牌策略指两个公司的品牌同时出现在一个产品上，这是一种伴随着市场激烈竞争而出现的新型品牌策略，它体现了公司间的相互合作，如"一汽大众""上海通用"等。使用该品牌策略最大的优点在于合作双方互相利用对方品牌的优势，提高自己品牌的知名度，从而扩大销量额，同时节约了各自产品进入市场的时间和费用。但在长期的使用中，需要注意双方公司受益是否均衡的问题，要避免产生危及一方长期利益的现象。

6. 品牌延伸策略。

品牌延伸策略是指企业利用其成功品牌的声誉来推出改良产品或新产品，包括产品项目、产品线的延伸，即产品组合长度、宽度、深度的延伸。在延伸的过程中，企业可以根据企业自身情况、市场竞争状况以及消费者情况的不同，采用上述不同的品牌名称策略。

（四）品牌的策略决策

1. 产品线扩展。

产品线扩展即指企业在现有产品类别中增加新的项目（如新风味、新颜色、新包装、新配方等），并以同样的品牌名称推出。如可口可乐公司推出的无糖"零度"可乐，都以可口可乐这个品牌名称推向市场。产品线扩展的方式多种多样，既可以采用创新，也可以采取仿制或者更换包装。但不管采取何种方式，最主要的还是通过抑制竞争者产品销售来获得企业产品销售的增长，从而提高产品的市场占有率，增加企业利润。

2. 品牌扩展。

品牌扩展即企业在现有品牌产品基础上推出新的产品。例如，小米公司利用"小米"之名推出了许多不同类型的产品，如手机、笔记本、音响、台灯等，形成小米智能家居生态圈。品牌扩展决策要考虑以下几方面的因素：品牌核心价值与个性、新老产品的关联度、行业与产品特点、产品的市场容量、企业所处的市场环境、企业发展新产品的目的、市场竞争格局、企业财力与品牌推广能力等。而上述众多因素中，品牌核心价值与个性又是最重要的。一个成功的品牌，可以使新产品迅速为市场所识别与接受，从而节约促销新产品的费用。例如，海尔集团的所有家电产品都标上了"海尔 Haier"品牌字样，产品一上市，很快就得到市场的认可。人们一看到"海尔 Haier"就想起海尔的"真诚到永远"，就想起海尔的"零缺陷""星级服务"。但是，品牌扩展也具有一定的风险，假如新产品不能令顾客满意，则会损害企业现有品牌的声誉，品牌滥用也有可能破坏它在消费者心目中的定位。

3. 多品牌。

多品牌即企业在同一产品类型中采取多个品牌名称。多品牌战略为宝洁公司首创的，如它的洗发水产品就有飘柔、潘婷、海飞丝和沙宣等，多品牌战略可以为不同消费者提供不同的性质或诉求，争取更多的顾客。但与此同时，它又导致企业资源过于分散，难以形成规模效益，多品牌之间也会产生竞争。

4. 新品牌。

新品牌即企业为新增产品类型而建立的一个品牌。例如，海尔集团要生产高端冰箱，为了不改变海尔冰箱原有的品牌形象，海尔推出的高端冰箱品牌名称为卡萨帝。

5. 品牌再定位。

品牌再定位是指随着企业经营环境的变化和消费者需求的变化，品牌的内涵和表现形式也要不断变化发展，以适应社会经济发展的需要。如消费观念变化导致企业积极调整品牌战略，塑造新形象。如随着人们环保意识的增强，消费者已开始把无公害消费作为选择商品、选择不同品牌的标准，企业可以重新塑造产品形象，更新品牌形象为环保形象。此外，企业在建立品牌之后，可能会出现定位失误，如定位不准确或虽然开始定位得当，但市场情况发生变化时，导致企业在竞争中处于劣势，需要对品牌定位进行修正。

三、品牌资产衡量及核心价值的维护

（一）品牌资产的概念及其衡量

所谓的品牌资产，就是指品牌忠诚度、品牌认知度以及专利、商标渠道等构成的并能以一定的价格买卖的无形资产。衡量一个品牌名称的实际资产在某种程度上有很大的随意性,因此企业一般不会把品牌资产列在资产负债表上。更多的是利用品牌优势促进企业在市场中的领导地位。一般来讲,品牌的资产越高则品牌忠诚度、品牌认知度、可觉察质量、强烈的品牌关联及其他资产如专利、商标和渠道的关系就越好。高度的品牌资产为企业带来了大量的竞争优势。由于消费者的品牌知晓度和忠诚度很高,企业可以节约大量的市场营销费用。

 扩展阅读

2020年中国500最具价值品牌

世界品牌实验室发布的2020年《中国500最具价值品牌》分析报告显示,上榜企业的总价值为246920.58亿元,比上年增加28210.25亿元,增加幅度为12.90%。平均每个品牌价值为493.84亿元,比上年平均值437.42亿元增加了56.42亿元。2020年入选品牌最低价值由去年的25.16亿元上升到27.16亿元。

国家电网以5036.87亿元的品牌价值荣登本年度最具价值品牌榜首;工商银行位居第二,品牌价值4505.82亿元;海尔位居第三,品牌价值4286.52亿元。腾讯(4215.49亿元)、中国人寿(4158.61亿元)、中国石油(3656.37亿元)、中化(3568.39亿元)、华为(3526.82亿元)、中国一汽(3385.56亿元)、阿里巴巴(3251.96亿元)位列榜单第4~10名。

报告称,无论从品牌发展的经济基础、收入水平与基尼系数、中国文化等维度分析,还是从体验经济与体验消费的角度看,中国的品牌时代已经到来。在消费升级的大背景下,国潮复兴、国货逆袭,这给中国企业注入了新活力,带来了新机遇。中国企业抓住刺激消费、扩大内需的机会,通过大力发展民族品牌,进行产品创新和品质升级,从而获取更高的品牌溢价能力,提升品牌综合竞争力。

资料来源:2020年中国500最具价值品牌排行榜[EB/OL]. https://baijiahao.baidu.com/s?id=1674361579693654008&wfr=spider&for=pc.

(二) 品牌核心价值的维护

品牌核心价值是品牌资产的主体部分,它让消费者明确、清晰地识别并记住品牌的利益点与个性,是驱动消费者认同、喜欢乃至爱上一个品牌的主要力量。品牌核心价值之于品牌有如灵魂之于人生。没有灵魂之人不可能有成功的美好人生,同样一个品牌没有清晰的核心价值不可能成长为强势大品牌。核心价值是品牌的终极追求,是一个品牌营销传播活动的原点,即企业的一切价值活动(直接展现在消费者面前的是营销传播活动)都要围绕品牌核心价值而展开,是对品牌核心价值的体现与演绎,并丰满和强化品牌核心价值。

定位并全力维护和宣扬品牌核心价值已成为许多国际一流品牌的共识,是创造百位年金字招牌的秘诀。如舒肤佳的核心价值是"有效去除细菌、保持家人健康",广告表现形式更新换代,但广告主题除了"除菌"还是"除菌";舒肤佳通过中华医学会推荐、实验证明等方式论证人体身上经常会有细菌,如踢球、挤车、搬运等都会感染细菌。舒肤佳通过消费者教育来引导除菌香皂市场的扩大。舒肤佳通过近十年的努力把品牌的核心价值刻在了消费者心里。

品牌核心价值一旦确定便需要持之以恒地贯彻下去。企业的所有营销策略都要围绕核心价值而展开,几亿元、几十亿元的广告费是对核心价值的演绎,尽管广告不停地变换,但变换的只是表现形式。例如,沃尔沃汽车的宣传始终如一为"安全",久而久之,沃尔沃汽车"安全"的品牌形象在消费者大脑中就有了明确的印记。

第三节 产品包装策略

一、产品包装相关概念

(一)包装的含义

产品包装有两层含义,一是指产品和容器的外部包扎,即包装材料;二是指采用不同形式的容器或物品对产品进行包装的操作过程及包装方法。在实际工作中,二者往往难以分开,故统称为产品包装。

产品的包装说明是包装的重要组成部分,它在宣传产品功效、争取消费者了解、指导人们正确消费方面有重大作用。一般包括产品标签和包装标志。

1. 产品标签。

产品标签是指附着或系挂在产品销售包装上的文字、图形、雕刻及印制的说明。标签可能仅标有品名,也可能载有许多信息,能用来识别、检验内装产品,同时也可以起到促销作用。通常,产品标签主要包括:制造者或销售者的名称和地址、产品名称、商标、成分、品质特点、包装内产品数量、使用方法及用量、编号、贮藏应注意的事项、质检号、生产日期和有效期等内容。

2. 包装标志。

包装标志是在包装的外部印制的图形、文字和数字以及它们的组合。包装标志主要有运输标志、指示性标志、警告性标志三种。运输标志是指在产品外包装上印制的反映收货人和发货人、目的地或中转地、件号、批号、产地等内容的几何图形、特定字母、数字和简短的文字等。指示性标志是根据产品的特性,对一些容易破碎、残损、变质的产品,用醒目的图形和简单的文字做出标志,常见的有"此端向上""易碎""小心轻放"等。警告性标志是指在易燃品、易爆品、腐蚀性物品和放射性物品等危险品的包装上印制特殊的文字,以示警告,常见的有"爆炸品""易燃品""有毒品"等。

（二）包装的分类

包装是产品生产过程在流通领域的延续。产品包装按其在流通过程中的作用不同，一般可以分为运输包装和销售包装两种类型。

1. 运输包装。

运输包装又称为外包装或大包装，主要用于保护产品的品质和数量完整。运输包装可细分为单件运输包装和集合运输包装。单件运输包装是指商品在运输过程中以箱、桶、袋、包、坛、罐等单件容器对商品进行的包装。集合运输包装是指将一定数量的单件包装组合在一件大包装容器内而合成的包装，这种包装方法适应了运输、装卸现代化的要求，可以实现货物整批包装，有利于降低成本，提高工作效率。

2. 销售包装。

销售包装又称为内包装或小包装，它随同产品进入零售环节，与消费者直接接触。销售包装实际上是零售包装，因此销售包装不仅要保护产品，更重要的是美化和宣传产品，便于陈列展销，吸引消费者，方便消费者认识、选购、携带和使用。

二、产品包装的作用

包装已成为强有力的营销手段，设计良好的包装能为消费者创造方便价值，为生产者创造促销价值。由于越来越多的产品在超市和商店里以自助的形式出售，包装必须执行许多推销任务。因此，包装具有以下几个作用。

（一）保护商品不受损害

产品包装最基本的功能便是保护商品。有效的产品包装可以起到防潮、防热、防冷、防挥发、防污染、保鲜、防易碎、防变形等系列保护产品的作用。

（二）便于储运，提高储运效率

有些产品，如果没有合适的包装，产品储运就无法进行，如液体、气体、危险品等。此外，包装对小件产品起着集中的作用，包装袋或包装纸上有关产品的鲜明标记，便于装卸、搬运和堆码，利于简化产品交接手续，从而使工作效率明显地提高。

（三）识别品牌，促进产品销售

良好的包装有助于消费者迅速辨认出哪家公司或哪一品牌，且不易于被仿制、假冒、伪造，有利于保持企业信誉。良好的包装往往能吸引广大消费者，激发其购买欲望，成为产品推销的一种主要工具和有利的竞争手段，起到广告宣传的效果，维持和扩大产品市场占有率。

（四）指导消费者使用

包装上的使用说明、注意事项等可以起到指导消费者使用的作用。

（五）增加企业利润

优良、精美的包装不仅能美化产品，而且能提高产品的身价，是消费者愿意出更高的价格购买。同时，包装可以降低产品损耗，提高运输、储存、销售各环节的劳动效率，这些都可使企业利润增加。

三、包装的设计原则

包装不仅具有保护产品的作用，更具有积极的促销作用，现如今包装已经成为一项重要的营销工具，它必须吸引顾客注意，描述产品的功能特色，给顾客以信心，使产品在顾客心目中有一个很好的印象。因此公司包装设计应当要遵循以下原则。

（一）合法

申请专利的包装设计，是作为知识产权受法律保护的，企业包装应尽早申请专利，以避免侵权。同时，设计包装时也要注意不要侵权其他品牌包装。

（二）与商品价值和质量水平相适应

高档商品应设计精美的包装，粗陋的包装会掩盖产品质量和功能，降低消费者的购买欲望。而低档商品则要切忌过分包装，以免"金玉其外，败絮其中"，给人上当受骗的感觉。

（三）美观大方、突出特色、便于使用

美观大方的包装能吸引消费者注意，激发消费者购买欲望。另外产品包装要结合产品特点，便于产品使用，突出商品的特点或独特风格，有助于消费者选择。

（四）适应消费者心理、文化

不同地区的产品包装，在设计时要注意符合当地的历史文化、风俗习惯、宗教信仰等，符合消费者心理，增加消费者的信任感。

（五）环保

随着环境保护问题的日益关注，营销人员在设计产品包装时应使其符合绿色环保的理念，使用环保材料，同时由于资源短缺正逐渐引起关注，应该努力简化产品的包装。

四、包装策略

在现代市场营销中，企业需要运用适当的包装策略，使包装成为强有力的营销手段。常用的包装策略主要有以下几种。

(一) 类似包装策略

类似包装策略指企业对其各种产品采用相同或相似的形状、图案、色彩和特征等，使消费者易于辨认和联想是同一企业的产品。这种包装策略的优点是既可以节省包装设计的成本，又可使消费者形成对企业产品的深刻印象，扩大企业及产品的影响，扩大推销效果，有利于新产品迅速进入市场。但如果企业产品质量相互之间的差异太大，就会增加低档产品的包装成本，或使优质产品产生被贬低的不良效果。

(二) 等级包装策略

等级包装策略指企业把所有产品按品种和等级不同采用不同等级的包装。这种策略的优点是能突出商品的特点，把不同品质的产品明确区分开来，有利于满足不同消费者的需求，但增加了设计成本。

(三) 配套包装策略

配套包装策略指企业依据人们消费的习惯，把使用时有关联的多种产品配套装入一个包装物中，同时出售。如将系列化妆品包装在一起出售，便是典型的配套包装。这种包装策略的优点是：一物带多物，既方便了消费者购买，又扩大了销路。

(四) 再使用包装策略

再使用包装策略指包装物在产品用完后，还可以做其他用途。这样可以利用消费者一物多用和追求纪念意义的心理，诱发消费者的购买行为，使顾客得到包装物额外使用价值的同时，包装物在再使用过程中又能发挥广告宣传作用。

(五) 附赠品包装策略

附赠品包装策略指在产品包装物上或包装内，附赠物品或奖券，吸引消费者购买。采用这种策略可以增加购买者的兴趣，吸引顾客重复购买，但赠品要注意制作精良，不可粗制滥造，否则不但起不到促销的作用，还会影响产品或企业的形象。

(六) 更换包装策略

更换包装策略指企业对产品原包装进行改进或更换，重新投入市场以吸引消费者重复购买，达到扩大销售的目的。当企业原产品声誉受损，销量下降时，通过更换包装，重塑形象，改变一些不良影响，保持市场占有率。

本 章 小 结

产品是市场营销组合中最重要、最基本的因素。企业首先必须根据目标市场的情况，决定发展什么样的产品，以满足特定顾客的需求。企业有必要从顾客真正的需求出发，诠释产品的概念和内容，包括产品的品牌、式样、包装等属性，并且提供顾客实现产品消费所必需的良好的服务保证。同时，也要认识到随着需求的不断变化，产品要不断地更新换代，企业需要开发新产品满足消费者变化的需求。

　　本章第一节系统阐述了新产品的概念，新产品设计思路和开发的策略，简单介绍了新产品开发的程序。品牌对营销者、对消费者乃至对国家都有不可低估的作用，品牌资产作为一种通过为消费者和企业提供附加利益来体现的、超过商品或劳务本身利益以外的价值，它是品牌知名度、品牌度、品牌联想、品牌的品质形象和附着在品牌上的其他资产等内容的集成反映。本章第二节系统论述了品牌的含义及相关概念、品牌的作用、品牌决策以及品牌资产等概念。本章第三节系统阐述了产品包装的概念、产品包装的作用、产品包装的原则以及产品包装的策略等内容。

【思考题】

1. 产品包装有哪些种类？有何作用？
2. 产品包装策略有哪些？应如何选择采用？
3. 什么是新产品？新产品有哪几种类型？
4. 什么是品牌家族决策？有哪些具体品牌家族决策策略？

第七章
价格策略

【学习目标】

- 了解价格策略的重要性与考虑因素
- 了解价格策略的方法,了解价格结构策划的流程与方法
- 掌握价格调整策略的方法与技巧

> **扩展阅读**
>
> 原国家旅游局《2016年第四季度全国星级饭店统计公报》显示,全国共有10157家星级饭店,2016年第四季度营业总额为544.34亿元,其中客房收入为244.90亿元,占总额的44.99%,餐饮收入为230.91亿元,占总额的42.42%,星级酒店客房收入的重要性由此可见一斑。2016年第四季度,全国星级酒店平均出租率为56.60%,平均房价为341.13元/间。
>
> 从注册登记类型划分来看,目前以联营、股份制及私营等方式登记注册的高星级酒店居多,占比高达60%,其次为国有饭店、集体饭店与港澳台投资、外商投资酒店。目前,在国内高星级酒店中,外资品牌拥有绝对优势,国内品牌正在逐渐崛起。在全球十大国际酒店集团纷纷入驻我国市场的背景下,国内高星级酒店面临的市场竞争越来越激烈,其利润有所下降。李欣欣(2013)以北京中央商务区为例对客房定价进行了研究,指出北京地区星级酒店房价明显高于其他一些省份星级酒店房价,客房收入是其主要收入来源,因此客房定价的合理性至关重要。通过选取北京CBD(商务中心区域)、以去哪儿网的"天安门""王府井""燕莎国贸"为关键词设定商圈,明确了区域研究对象。在该区域内不仅具有便利的交通条件,而且还有大量商务楼和传统景点,是北京旅游的重要区域之一。根据调查,该区域内酒店数量较多且密度较高,在样本容量相对足够的情况下,可以有效控制酒店间的交通因素与位置因素影响。通过对"去哪儿网"进行全方位评析,发现该网站的全球覆盖率较高,有超过14万家酒店信息与18万条度假路线,不仅具备理性搜索功能,还具备全面点评系统,能够客观评价国内酒店内容。通过平台自身的抓取系统,可以对酒店评价的关键词生成诚信体系。新媒体时代,酒店客房的公开报价与相关评估都可以通过网络渠道进行搜索。

根据"去哪儿网"提供的数据,发现在调查研究区域内有 95 家高星级酒店。在对固定时间段标准间客房入住情况及其房价调整情况进行归纳的基础上,李欣欣对数据进行了处理,并借助建模分析方式提出了相关假设,并验证了一系列结果。基于特征价格理论,可以选取酒店客房内部与外部特征,分别为总体评分、酒店星级、免费上网服务、设施设备评分、免费早餐、酒店房间数量、客房面积餐饮服务评分以及 1 公里内四星级酒店数量、所属商圈、1 公里内五星级酒店数量和周边重点交通距离等。由于一些变量具备连续性特征,因此可以直接采用变量实际数值,在模型中进行相应对数形式转换。非连续性变量包括所属商圈、星级酒店、提前预订和免费上网服务、免费早餐以及节假日信息等,其数值存在离散性特征。其中节假日分为平日和假日,提前预订对应不同的预定时间,酒店星级分为三星级、四星级与五星级,商圈分为燕莎国贸商圈和王府井商圈。特征价格理论要求其变量具备连续性特征,因此必须对非连续性变量采取虚拟变量量化方式,将量化后的变量作为基准变量来研究其对客房价格的影响。简而言之,就是将平日价格作为基准变量,将节假日变量作为特殊变量。对于提前预订价格,则以 12 月为基准变量,其他提前预订价格为基准变量。通过设定不同的非基准变量和基准变量,可得到更为准确的研究模型。与此同时,在不同高星级酒店中还存在着个性化服务,为客房定价提供了良好条件。个性化服务是酒店各项工作水平的核心,是组成酒店各个部门产品不可缺少的部分,酒店服务水平的个性化在很大程度上反映出了酒店整体水平和特色,随着旅游酒店市场竞争日益激烈,酒店的服务逐步进入个性化时代,许多有个性化服务特色的酒店在市场上占据了主导地位。个性化服务成为酒店发展的一种必然趋势。所谓旅游酒店个性化服务,即服务人员在提供服务的过程中,采取积极主动的方式,能够从人性化角度、根据客人的个人特点采取差异化服务,进而满足客人的心理需求,给客户带来自豪感与满足感,赢得客户忠诚度。从根本上来说,个性化服务就是差异化服务的具体化以及人性化服务的延伸,让客人获得持续满意。从层次角度分析,个性化服务可分为以下三个层次:一是服务人员为客人提供针对化需求服务;二是采取积极主动的方式,给予客户特别的关照与尊享服务,其间必须遵循恰到好处、细致入微、心领神会以及自然和谐的原则;三是既要注重满足客户的个性化需求,又要注重发挥酒店及服务人员自身的个性化特色。相关调查显示,目前我国高星级酒店客房定价中均包含了个性化服务项目,如叫醒服务、定制服务等。细致的个性化服务即差异化的针对性服务,是让消费者能够参与到高星级酒店服务设计中的一种服务模式,其主要特点在于:客户可以根据个人需求定制细致化服务,细致到闹钟叫醒服务的时间精确度以及一些物品安排的精细度。高星级酒店需要根据客户宗教信仰、年龄情况、消费喜好、文化差异等,细致地为客户设计并提供针对性十足的特殊服务。甚至客户能够通过网络预订系统参与到这种细致服务设计环节当中,提出个人的特殊要求,要求酒店尽可能满足其客房服务需求。李欣欣(2013)在其实证研究中将高星级酒店客房价格特征归纳为以下四个方面:一是基于特征价格理论下,高星级酒店客房特征价格模型的对数研究效果能够解释其价格规律，表明高星级酒店在特征价格模型对数形式下可以科学地进行定价，并进一步分析和验证实证区域酒店的客房定价方式。二是高星级酒店客房内部特征隐性价格存在细分市场的差异性。即在三星级、四星级与五星级酒店客房内部特征中，客房面积、设施设备与免费早餐、酒店客房数量等特征对酒店客房定价均存在不同程度的影响。在个性化服务背景下，目前国内很多高星级酒店都非常注重这一类服务，客户也愿意为此支付隐性价格，但在细分市场差异化表现下，由于消费者支付能力不同，导致不同星级酒店存在竞争性，且特征隐性价格差异决定了其竞争优势高低。三是在高星级酒店客房定价中，客房外部特征不容忽视。如高星级酒店与火车站、机场之间的距离等外部特征隐性价格会对客房定价产生明显影响。在外部特征中，高星级酒店所属商圈位置、距离重点地区位置以及该区域内的竞争对手数量、目标消费者支付能力等，都将对高星级酒店客房定价产生影响。尤其是当高星级酒店竞争对手数量越多、区域内消费者消费能力越高时，相应地其地产价值、酒店外部特征价值也越高，对酒店客房定价会产生显著正向影响。因此，对于酒店而言，绝对不能忽视外部商业环境与地理位置及竞争对手等情况。四是特征价格理论下，客房时间特征并不具有明显的隐性价格。即在节假日与提前预订两个时间特征变量下，其隐性价格并不存在差异性，提前一个月或提前两个月预订，高星级酒店客房价格并无显著差异。同时，节假日与平日的价格差异性也并不明显。在动态收益管理定价理论下，酒店往往会对假日价格与提前预订价格做出相应调整，以谋求最大消费者剩余，追求酒店利益最大化，但这一点在实际研究结果中并没有得到体现，其主要原因在于：一方面，目前我国法律法规明确规定，酒店不能在节假日进行明显的价格调整；另一方面，国内高星级酒店在精细化定价、收益管理方面还有所欠缺，在网络预订快速发展的背景下，高星级酒店客房定价透明度日渐提升，无差异性的低价竞争氛围逐渐形成。

资料来源：刘建华，吴贵华. 高星级酒店客房定价及实例研究：基于特征价格理论 [J]. 价格月刊，2018 (3)：61-64。

第一节 价格策略的步骤

一、价格策略的概念

在市场营销的产品、促销、分销和定价的四要素中，企业通过前三个要素在市场中创造价值，通过定价从创造的价值中获取收益，价格是唯一能产生收入的因素，其他因素均表现为成本。价格也是营销策略组合中最灵活的因素，与产品和渠道不同，它的变化是异常迅速的。它直接决定着企业市场份额的大小和盈利水平的高低，随着营销环境的日益复杂，制定价格策略的难度越来越大，不仅要考虑成本补偿问题，还要考虑消费者的接受能力和竞争状况。因此，价格策略十分重要而微妙，价格策划的科学性与艺术性最显著。

价格影响到一种产品的寿命周期、一个企业的市场份额、品牌形象与经济效益诸多方面。因此，策划价格并不仅仅意味着定价方法与技巧的简单组合，而是要将价格作为一个整体、一个体系统一把握。这就必须系统地处理好企业内部不同产品之间的价格关系，同一产品不同生命周期阶段的价格关系，本企业产品价格与竞争者产品之间的价格关系，本产品与替代品和互补品之间的价格关系，以及企业价格策略与营销组合中其他策略，如产品策略、渠道策略、促销策略等之间的关系。价格策略是指企业通过对顾客需求的估量和成本分析，选择一种能吸引顾客、实现市场营销组合的策略。价格策略的确定一定要以科学规律的研究为依据，以实践经验判断为手段，在维护生产者和消费者双方经济利益的前提下，以消费者可以接受的水平为基准，根据市场变化情况，灵活反应，由买卖双方共同决策。

二、价格策略的重要性

价格策略的水平高低、成功与否对企业经营的成败有着决定性的影响。

首先，在营销组合中，价格是运用最便捷、作用最直接、效用最快速的一个策略，其他营销策略的运用速度和执行效果都要比价格缓慢得多。

其次，价格也是决定企业经营活动市场效果的重要因素。企业市场占有率的高低，市场受产品速度的快慢，企业及其产品在市场上的形象等都与价格有着密切的关系。在营销实践中，我们不难得出这样一个基本结论：在很多情况下，即便企业的产品内在质量很好，外形设计也较先进，但如果缺乏价格与产品策略的协调，竞争的结果仍可能是灾难性的。科学的价格策略是企业其他经营手段取得成功的重要条件。

最后，价格策略的重要性还体现在实际经营过程中所感受到的巨大的价格压力，尽管由于科技的发展、产品和服务的多样化已经使人们走出了只能使用价格的一种竞争手段的时代，但在某些行业、某些地区的市场上，价格仍然是一个为企业经营者十分关注，并使企业家们感受到巨大压力的问题。

三、价格策略的考虑因素

正是因为价格策略如此重要，所以我们必须准确掌握价格策略的要求。

首先，价格策略要以市场和整个企业为背景。企业要将价格工作作为一个整体，注意各个局部之间的协调，从而把握策划的整体性和系统性。以市场为背景就是要联系市场状况，把价格策略建立在对现有竞争者和潜在竞争者的状况，以及竞争者对本企业行为可能产生的反应进行全面清醒分析的基础上；以整个企业为背景，就是要考虑企业资源限制和资源优势，考虑到企业价格工作与其他各项工作的衔接；要处理好不同产品或服务价格的协调，同一产品或服务价格的协调，具体价格制定与整体企业价格政策的协调。这是进行价格策划的基本前提。

其次,价格策略要以企业营销目标为基础。在制定产品价格之前,必须回顾企业的营销战略目标和营销策略目标,然后再考虑定价策略。营销战略目标对于营销决策具有普遍意义。营销策略目标是针对具体的营销策略而设立的,并且有实现目标的时间期限。

再次,价格策略要有动态观念。在营销活动中,从来不存在一种适合于任何企业、任何市场、任何时间的战略、政策和策略。成功的价格策略是那些与市场动态和企业经营总体目标相一致的构思和举措。而且,企业要能够根据不断变化的内外部环境与条件,对原有的战略、政策及策略进行适时、适当的修正或调整。这是保证价格策略有效性的基本条件。

最后,价格策略要具备现实和未来双重意义,既要立足于历史和现实,更要放眼于未来。价格策略的优劣不仅取决于它是否适应于现实状况,而且还取决于其是否具有未来意义。尽管价格的调整比其他营销策略的调整更方便,但仍需注重对未来的分析,包括对竞争者的未来状况、消费者的未来状况、企业未来可以使用的资源状况等的分析。这是保证价格策略具有强大生命力的关键,也是保证企业可持续发展的重要条件之一。

第二节 定价基础与定价技巧

一、定价目标

任何企业制定价格,都必须考虑目标市场战略及市场定位。假如企业经过认真分析,决定为收入较高的消费者设计、生产高档、豪华家具,其目标市场和定位就决定了价格要高。此外,企业还要考虑一些具体的经营目标,如利润额、销售额、市场占有率等,它们都会对定价产生重要影响。企业的每一个可能的定价选择,对利润、收入、市场占有率均有不同影响,企业的定价目标主要有以下几个。

(一) 维持生存

如果企业产能、产量过剩,或面临激烈的竞争,则会把维持生存作为主要目标。为了确保继续开工和存货出手,企业必须制定较低的价格,并希望市场是价格敏感型的。许多企业通过大规模的价格折扣来保持企业活力。只要其销售收入能弥补可变成本和部分固定成本,企业的生存便得以维持。

(二) 当期利润最大化

有些企业希望制定能使当期利润最大化的价格,它们估计需求和成本,并据此选择一种价格,使之能产生最大的当期利润、现金流量或投资报酬率。假定企业对其产品的需求函数和成本函数有充分的了解，借助需求函数和成本函数，便可制定确保当期利润最大化的价格。

（三）市场占有率最大化

有些企业通过定价取得控制市场的地位，即使市场占有率最大化。因为这些企业确信，赢得最大的市场占有率，将享有最低的成本和最高的长期利润。所以，在单位产品价格不低于可变成本的条件下，制定尽可能低的价格，追求市场占有率的领先地位。企业也可能追求某一特定的市场占有率。例如，计划一年内将市场占有率从10%提高到15%，为实现这一目标企业要制定相应的市场营销计划和价格策略。

具备下述条件之一时，企业可考虑通过低价实现市场占有率：
（1）市场对价格高度敏感，低价能刺激需求迅速增长。
（2）生产与分销的单位成本，会随生产经验的积累而下降。
（3）低价能吓阻现有的和潜在的竞争者。

（四）产品质量最优化

企业也可以考虑质量领先的目标，并在生产和市场营销过程中始终贯穿产品质量最优化的指导思想。这就要求用高价弥补高质量和研发的高成本。产品优质优价的同时，还应辅以相应的优质服务。

二、定价方法与技巧

定价工作非常复杂，企业必须全面考虑各方面因素，并采取一系列步骤和措施，一般来说定价策略有六个步骤，即选择定价目标、估算成本、测定需求的价格弹性、分析竞争产品与价格、选择适当的定价方法和选定最后的价格。

企业产品价格的高低，受市场需求、成本费用和竞争等因素的影响和制约，制定价格理应都需要整体全面地考虑这些因素。但是在实际工作中，往往只能侧重某一方面。大体上企业定价也就有三种导向，即成本导向、需求导向和竞争导向。

（一）成本导向定价法

成本导向定价法是一种主要以成本为依据的定价方法，包括成本加成定价法、增量分析定价法。其特点是简便、易用。

1. 成本加成定价法。

所谓成本加成定价法，是指按照单位成本加上一定百分比的加成制定销售价格的定价方法。加成的含义就是一定比率的利润。所以成本加成定价公式为：$P = C(1 + R)$，式中，P 为单位产品售价，C 为单位产品成本，R 为成本加成率。

与成本加成定价的方法类似，零售企业往往以售价为基础进行加成定价。其加成率的衡量方法有两种：一是用零售价格来衡量，即加成（毛利）率＝加成（毛利）/售价。二是用进货成本来衡量，即加成率＝加成（毛利）/进货成本。

成本加成定价法之所以受到企业界欢迎，主要是由于以下两个方面原因：一方面，成本的不确定性一般比需求小。将价格盯住单位成本，可以大大简化企业定价程序，而不必根据需求情况的瞬息万变而做调整。另一方面，只有行业中所有企业都采取这种定价方法，则价格在成本与加成相似的情况下也大致相似，价格竞争也会因此减至最低限度。

2. 增量分析定价法。

增量分析定价法主要是分析企业接受新任务后是否有增量利润的定价方法。增量利润等于接受新任务引起的增量收入减增量成本。此定价法与成本加成定价法的共同点是都以成本为基础，不同点是前者以全部成本为基础，后者则是以增量成本（或变动成本）为定价的基础。只要增加收入大于增加成本（或价格高于变动成本），这个价格就是可以接受的。

在企业经营中，增量分析定价法大致适用于三种情况。

企业是否要按较低的价格接受新任务。为了进一步挖掘富余的生产能力，企业需要决定要不要按较低的价格接受新任务。因为接受新任务不用追加固定成本，只要增加变动成本，所以新任务的定价就以变动成本为基础。接受新任务的前提是不会影响原来任务的正常进行。

为减少亏损，企业可以通过降价争取更多任务。当市场不景气，企业任务很少时，企业的主要目标是求生存，即力求少亏一点。此时它可以通过削价争取多揽一些任务。在这种情况下进行定价决策就要使用增量分析定价法。

企业生产互相替代或互补的几种产品。若其中一种产品价格变动，就会影响到其他有关产品的需求量，因而价格的决策不能孤立地只考虑一种产品的效益，而应考虑几种产品的综合效益，这时也宜采用增量分析定价法。

（二）需求导向定价法

需求导向定价法是一种以市场需求强度及消费者感受为主要依据的定价方法，包括感知价值定价法、反向定价法和需求差异定价法。其中，需求差异定价法（又叫差别定价）既是一种定价方法，又涉及灵活多变的定价策略。

1. 感知价值定价法。

感知价值定价法是根据购买者对产品的感知价值来制定价格的定价方法。感知价值定价与现代市场定位观念相一致。企业为目标市场开发新产品时，在质量、价格、服务等各方面都需要体现特定的市场定位。因此，首先，要决定所提供的价值及价格；其次，还要计算此价格所能销售的数量，再根据销售量决定所需产能、投资及单位成本；再次，还要计算此价格和成本能否获得满意的利润；最后，能获得满意的利润则继续开发这一新产品，否则就放弃这一产品的开发。

感知价值定价法的关键在于准确计算产品提供的全部市场感知价值。企业如果过高估计感知价值，便会定出偏高的价格；过低估计感知价值，则会定出偏低的价格。如果价格大大高于感知价值，消费者会感到难以接受；如果价格大大低于感知价值，也会影响产品在消费者心目中的形象。

2. 反向定价法。

反向定价法是企业依据消费者能够接受的最终价格，计算自己经营的成本利润后，逆向地推算产品的批发价和零售价。这种方法不是以实际成本为主要依据，而是以市场需求为定价出发点，力求使价格为消费者所接受。分销渠道中，批发商和零售商多采取这种定价方法。

（三）竞争导向定价法

竞争导向定价法是在由市场需求和企业成本所决定的价格范围内，考虑竞争者的成本、价格和可能的价格反应来制定价格。竞争导向定价法通常有两种方法，即随行就市定价法和投标定价法。

1. 随行就市定价法。

随行就市定价法是指企业按照行业的平均现行价格水平定价，在以下情况下，往往采取这种定价方法：

（1）难以估算成本。

（2）企业打算与同行和平共处。

（3）如果另行定价，很难了解购买者和竞争者对本企业价格的反应。

不论是在完全竞争市场还是寡头竞争市场，随行就市定价法都是同质产品市场惯用的定价方法。

在完全竞争市场，销售同类产品的企业在定价时，实际上没有多少选择余地，只能按照行业现行价格定价。某企业如果价格定得高于市价，产品就卖不出去；如果价格定得低于市价，也会遭到同行降价竞销。

2. 投标定价法。

投标定价法是采购机构刊登广告或发函，说明拟购品种、规格、数量等的具体要求，邀请供应商在规定的期限内投标。采购机构在规定日期开标，一般选择报价最低、最有利的供应商成交，签订采购合同。供货企业如果想做这笔业务，就要在规定期限内填写标单，填明可供商品名称、品种、规格、价格、数量、交货日期等，密封送达招标人。投标价格根据对竞争者报价的估计制定，而不是按供货企业自己的成本费用制定，其目的在于赢得合同，所以一般应低于对手报价。

然而，企业不能将报价定得过低，以免使经营状况恶化。确切地讲，不能将报价定得低于边际成本，但是，报价远远高出边际成本，虽然潜在利润可能增加，又会减少赢得合同的机会。

三、定价的基本步骤

价格是市场营销组合因素中一个十分敏感而又难以控制的因素。价格的这种特点，既与价格的多方面影响有关，同时又与影响定价的因素较为复杂有关。那么如何对商品定价呢？如何定价才能促进组织的发展呢？如何定价才能实现组织的最终目标呢？这就牵涉到组织的定价流程和定价策略问题了。

成功的定价并不是一个最终结果,而是一个持续不断的过程。它应经历以下几个步骤:

(一) 数据收集

定价策略常常因为没有考虑到所有关键因素而失败。由于市场人员忽视成本,其定价决策仅仅是市场份额最大化,而不是利润最大;由于财务人员忽视消费者价值和购买动机,其定价忽略了分摊固定成本。没有收集到足够的有关竞争对手的信息而做出的定价决策,短期看起来不错,一旦竞争者采取出乎意料的行动就不行了。好的定价决策需要成本、消费者和竞争者三方面的信息——这是定价成功与否的决定信息。因此,任何定价分析要从下面开始:

(1) 成本核算。与特定的定价决策相关的增量成本和可避免成本是什么?
(2) 确认消费者。哪些是潜在的消费者,他们为什么购买这个产品?
(3) 确认竞争对手。目前或潜在的能够影响该市场盈利能力的竞争对手是谁?

(二) 战略分析

战略分析阶段也包括成本、消费者和竞争三方面。此时各种信息开始相互关联起来,财务分析通过价格、产品和目标市场的选择来更好地满足顾客需要或者创造竞争优势。公司选择目标市场要考虑为市场细分服务的增量成本以及公司比竞争者更有效地或者成本更低地服务于该市场的能力。竞争者分析一定程度上是为了预测竞争者对某个以深入顾客细分为目的的价格变动的反应。将这些信息综合起来需要三个步骤。

1. 财务分析。

对于潜在的价格、产品或促销变动,销量需要变化多少才能增加利润?对于新产品或新销量应至少达到多少才能回收增量成本?

2. 市场细分。

不同细分市场的顾客的价格敏感度不同,购买动机不同,为他们服务的增量成本也不同。如何给不同的细分市场定价?如何能够最有效地向不同细分市场的顾客传达产品的价值信息?

3. 竞争分析。

竞争者对公司将要采取的价格变动会做出什么反应?他们最可能采取什么行动?竞争者的行动和反应将如何影响公司的盈利和长期生存能力?

(三) 制定定价策略

正像前面讲过的一样,没有在任何情况下都"正确"的定价策略。一些战略错误正是由于将一个行业的定价策略强加于成本、消费者或竞争条件完全不同的另一个行业造成的。

四、定价的基本策略

所谓定价策略,是指企业根据市场中不同变化因素对商品价格的影响程度采用不同的定价方法，制定出适合市场变化的商品价格，进而实现定价目标的企业营销战术。可是，组织又应采取怎样的定价策略呢？以下便是几种常用的、实用的、有效的定价策略。

（一）取脂定价策略

取脂定价策略，又称撇脂定价策略，是针对新产品的定价策略，是指企业在产品生命周期的投入期或成长期，利用消费者的求新、求奇心理，抓住激烈竞争尚未出现的有利时机，有目的地将价格定得很高，以便在短期内获取尽可能多的利润，尽快地收回投资的一种定价策略。其名称来自从鲜奶中撇取乳脂，含有提取精华之意。采用这种策略应具备以下条件：

（1）新产品有足够的购买者而且愿意接受较高的价格。
（2）新产品仿制困难使得竞争者难以迅速进入市场。
（3）新产品与同类产品、替代产品相比具有较大的优势和不可替代的功能。
（4）新产品采取高价策略获得的利润足以补偿因高价造成需求减少所带来的损失。

（二）销售时间差别定价

销售时间差别定价，即企业对于不同季节、不同时期甚至不同钟点的产品或服务分别制定不同的价格。

（三）尾数定价策略

尾数定价又称零头定价，是指企业针对消费者的"求廉"心理，在商品定价时有意定一个与整数有一定差额的价格。这是一种具有强烈刺激作用的心理定价策略，这种定价方法多适用于中低档商品。

心理学家的研究表明，价格尾数的微小差别，能够明显影响消费者的购买行为。一般认为，五元以下的商品，末位数为9最受欢迎；五元以上的商品末位数为95效果最佳；百元以上的商品，末位数为98、99最为畅销。尾数定价法会给消费者一种经过精确计算的、最低价格的心理感觉；有时也可以给消费者一种是原价打了折扣，商品便宜的感觉。

 扩展阅读

尾数定价给消费者的感觉

一、便宜

标价99.97元的商品和100.07元的商品，虽仅相差0.1元，但前者给购买者的感觉是还不到"100元"，后者却使人认为"100多元"，因此前者可以给消费者一种价格偏低、商品便宜的感觉，使之易于接受。

二、精确

带有尾数的定价可以使消费者认为商品定价是非常认真、精确的,连几角几分都算得清清楚楚,进而会产生一种信任感。

三、中意

由于民族习惯、社会风俗、文化传统和价值观念的影响,某些数字常常会被赋予一些独特的含义,企业在定价时如能加以巧用,则其产品将因之而得到消费者的偏爱。例如,我国南方某市一个号码为"9050168"的电话号码,拍卖价竟达到十几万元,就是因为其谐音为"90年代我一定一路发"。当然,某些为消费者所忌讳的数字,如西方国家的"13"、日本的"4",企业在定价时则应有意识地避开,以免引起消费者的厌恶和反感。在实践中,无论是整数定价还是尾数定价,都必须根据不同的地域而加以仔细斟酌。例如,美国、加拿大等国的消费者普遍认为单数比双数少,奇数比偶数显得便宜,所以,在北美地区,零售价为49美分的商品,其销量远远大于价格为50美分的商品,甚至比48美分的商品也要多一些。但是,日本企业却多以偶数,特别是"零"作结尾,这是因为偶数在日本体现着对称、和谐、吉祥、平衡和圆满。

资料来源:浅析尾数定价策略与消费者购买行为[EB/OL]. https://www.xzbu.com/9/view-941953.htm.

(四)声望定价策略

消费者一般都有追求名望的心理,声望定价就是利用商店或商品在消费者中的良好声望,根据这种心理行为,企业为商品制定比市场同类商品更高的价格,即为声望定价策略。它能有效地消除购买心理障碍,使顾客对商品或零售商形成信任感和安全感,顾客也从中得到荣誉感。

如微软公司的Windows98(中文版)进入中国市场时,一开始就定价1998元人民币,这便是一种典型的声望定价。另外,用于正式场合的西装、礼服、领带等商品,其服务对象为企业总裁、著名律师、外交官等职业的消费者,都适合采用声望定价,以引起消费者购买的兴趣。

(五)招徕定价策略

招徕定价又称特价商品定价,是一种有意将少数商品降价以招徕吸引顾客的定价方式。商品的价格低于市价,一般都能引起消费者的注意,这是适合消费者"求廉"心理的。采用招徕定价策略时,必须注意以下几点:

(1)降价的商品应是消费者常用的,最好是适合于每一个家庭使用的物品,否则没有吸引力。

(2)实行招徕定价的商店,经营的品种要多,以便使顾客有较多的选购机会。

(3)降价商品的降价幅度要大,一般应接近成本或者低于成本。只有这样,才能引起消费者的注意和兴趣,才能激起消费者的购买动机。

（4）降价品的数量要适当，太多商店亏损太大、太少容易引起消费者的反感。

（5）降价品应与因伤残而削价的商品明显区别开来。

（六）折扣定价策略

折扣定价策略是通过减少一部分价格以争取顾客的策略，在现实生活中应用十分广泛，用折扣手法定价就是用降低定价或打折扣等方式来争取顾客购货的一种售货方式。

第三节 价格调整策略

企业进行价格调整策略，分主动调整价格策略和被动调整价格策略两种。按照调整后价格与原价相比的高低又分为降价策略和涨价策略。

一、企业进行价格调整的原因

（一）企业降价常见的原因

（1）企业生产能力过剩，市场供大于求，需要扩大销售，但又无法通过改进产品和增加销售努力来达到目的，只好考虑降价。

（2）下降中的市场份额。例如，当日本小汽车以明显优势大量进入美国市场后，美国通用汽车公司在美国市场份额明显减少，最后不得不将其超小型汽车在美国西海岸地区降价10%。

（3）为争取在市场上居于支配地位。即企业用较低的价格，增加产品的竞争能力，扩大市场份额，而销售的增加也降低了成本。

（二）企业涨价常见的原因

涨价虽然给企业带来了利润，但是也会引起消费者、经销商和推销人员的不满，甚至会丧失竞争优势。一般在下列情况下，企业会考虑涨价：

（1）成本膨胀。这是一个全球性的问题。材料燃料、人工费、运费、科研开发费、广告费等不断上涨，导致企业压低了利润的幅度，因而也引起了企业要定期地提价，提高的价格往往比成本增加的要多。

（2）供不应求。当企业的产品在市场上处于不能满足所有消费者的需要时，可能会涨价，减少或限制需求量。企业在涨价时，应通过一定的渠道让消费者知道涨价的原因并听取他们的反应，企业的推销人员应帮助顾客找到经济实用的方法。

（3）竞争者提价。

二、价格变动后市场的反应

(一) 消费者对价格变动的反应

企业价格变动之后,要注意分析各方面的情况,特别是消费者对价格变动的反应。由于消费者对价格变动不理解,可能会产生一些对企业不利的后果。

其一,降价本应吸引更多的消费者,但有时对某些消费者却适得其反,这些消费者会认为降价是为了处理积压存货,降价的产品一般无好货。或是企业财务困难,该产品今后可能要停产,零配件将无处购买,价格可能还会进一步下跌,故造成持币观望的局面。因此,不适当的降价反而会使销售量减少。

其二,产品提价应该是抑制购买,但消费者可能认为提价是因为这种产品是畅销货,不及时购买将来可能买不到,或者以为该产品有特殊价值,值得购买,或认为该产品可能还要涨价,赶快去买,结果是"涨风"越大,"抢购风"越大。

因此,企业在产品涨价、降价之前和之后,都应尽可能地向消费者介绍清楚,让消费者了解情况,以便对价格变动做出正确的购买反应。

(二) 竞争者对价格变动的反应

企业在营销中还往往受到竞争变价的攻击,这就需要企业分析竞争变价的目的、持久程度和对本企业的影响并及时做出反应。

(三) 主动调价策略

1. 主动调低价格。

调低价格对企业来说具有相当的风险,出于"一分钱一分货"的心理,消费者认为降价产品的质量低于竞争产品质量。同时,降价也有可能引发价格战,造成不必要的过度竞争。所以,企业采取调低价格策略应该与开发更有效、成本较低的产品相结合,同时掌握好降价的时机与幅度。

(1) 降价的时机。不同的商品,其降价时机不同,日用品选择节日前后,季节性商品选择节令相交之时。

(2) 降价的方式。降价的方式有明降和暗降。暗降的方式有增加商品的附加服务、给予折扣和津贴、实行优待券制度、予以实物馈赠和退还部分货款等。

(3) 降价的幅度。降价幅度一般不宜过大,尽量一次降到位,切不可出现价格不断下降的情况,以免引起消费者产生持币待购的心理错觉。

2. 主动提价。

消费者一般都不欢迎产品提价,因此,营销策划人员应当合理掌握提价的时机、幅度及方式。

(1) 涨价的时机。为避免顾客和中间商的不满,可以限时提价,在供货合同中写明调价的条款。

（2）涨价的幅度。涨价的幅度不宜过大，国外一般是5%，也可参照竞争者的价格变化。

（3）涨价的方式。涨价有明调与暗调两种方式。明调是直线提高价格，而其他条件不发生任何变化。暗调的方式有减少产品包装数量、更换商品型号种类、取消优惠条件等。一般的做法是避免明调，采用暗调。

（四）被动调整价格的策略

1. 市场领导者的对策。

（1）价格不变。市场领导者认为，削价会减少太多利润；保持价格不变，市场占有率也不会下降太多，必要时也很容易夺回来。借此机会，正好摆脱一些其所不希望的买主，企业也有把握掌握住较好的顾客。

（2）运用非价格手段。如企业改进产品、服务和市场传播，使顾客能买到比竞争者那儿更多的东西。很多企业都发现，价格不动，但把钱花在增加给顾客提供的利益上，往往比削价和低利经营更合算。

（3）降价。市场领导者之所以这么做，是因为降价可以增加销量和产量，因而降低成本费用，同时，市场对价格非常敏感，不降价会丢失太多的市场占有率，而市场占有率一旦下降，就很难恢复。

（4）涨价。有的市场领导者，不是维持原价或削价，而是提高原来产品的价格，并推出新的品牌，围攻竞争者品牌。

2. 市场跟随者的对策。

被动调价是指企业对率先进行价格调整的竞争者的价格行为所作出的调价反应。在市场经济的条件下，价格竞争随时都可能爆发，企业必须随时做好准备，建立自己的价格反应机制，始终关注市场价格动向和竞争者的价格策略。

（1）应对措施。面对竞争者率先调整价格、被动跟随竞争者调整的情况，对于不同的产品市场，其应对措施可以如下：对于同质产品，如果竞争者降价，企业也要随之降价；否则，顾客就会购买竞争者的产品。如果竞争者提价，企业可以灵活面对或者提价，或者不变；对异质产品，企业有较大的余地对竞争者调整价格做出反应，如不改变原有价格水平，采取提高产品质量和服务水平、增加产品服务项目、扩大产品差异等来争夺市场竞争的主动权。

（2）探析问题。在采取行动之前，企业应当先比较不同反应的可能结果。一般要分析研究以下问题：首先分析竞争者为什么要变动价格？是想扩大市场，以充分发挥它的生产能力，还是为了适应成本的变化？或者是希望引起全行业的一致行动，以获得有利的需求？竞争者的价格变动是暂时的，还是长期的？企业若对竞争者的价格变动置之不理，企业的市场占有率和利润等会受到什么影响？其他企业又会怎么办？对企业每一个可能的反应，竞争者和其他企业又会有什么举动？

（3）主要对策。由于企业市场地位和营销成本的产品特性以及市场环境的实际情况不同，企业被动调价时的策略也应不同，可供企业选择的对策主要有：①随之调整价格。对于市场主导者的降价行为，中小企业很少有选择的余地，只能被迫应战，随之降价。②反其道而行之。同时推出低价或高价的新品牌、新型号产品,以围堵竞争者。③维持原价不变。如果随之降价会使企业利益损失超过承受能力,而提价会使企业失去很大的市场份额,维持原价不失为明智的策略选择,同时也可以运用非价格手段进行回击。

本 章 小 结

本章主要介绍了价格策略的概念和重要性,并介绍了价格策略应该考虑的因素。大体上企业定价有三种导向,即成本导向、需求导向和竞争导向。成本导向定价法包括成本加成定价法和增量分析定价法。需求导向定价法包括感知价值定价法和反向定价法,竞争导向竞争法包括随行就市定价法和投标定价法。定价的基本策略包括尾数定价法、声望定价法、招徕定价法等。最后还介绍了价格调整的策略,价格调整策略分主动调整价格策略和被动调整价格策划两种。按照调整后价格与原价相比的高低又分为降价策略和涨价策略。

【思考题】

1. 什么是价格策略?
2. 价格策略考虑的因素有哪些?
3. 如何理解需求导向定价?
4. 举例说明什么是招徕定价法?

第八章 分销渠道策略

【学习目标】
- 了解常见的分销渠道模式
- 掌握分销渠道设计的基本步骤
- 理解分销渠道设计的影响因素

分销渠道是为了满足顾客需要而存在的,它使顾客能够方便地购买到所需要的产品。在现实中,成千上万个顾客的生活都会受到分销渠道的影响,他们需要通过分销渠道来方便快捷地获得各种各样的产品。对于企业来说,分销渠道在企业营销中占有重要的地位,它成为企业获得竞争优势的重要工具,对降低企业成本和提高企业竞争力具有重要意义,是规划中的重中之重。设计分销渠道主要是解决如何发掘企业商品到达目标市场的最佳途径以提高分销效率的问题。所谓"最佳",是指以最低的成本与费用,通过适当的渠道,把商品适时地送到企业既定的目标市场上去。

第一节 分销渠道的概念和功能

一、分销渠道的概念

渠道是用来描述商品流通的现象,是商品从制造商到消费者的流通过程中,自然形成的商品分销轨迹。分销渠道是指某种商品或劳务从生产商向消费者移动的过程中,取得这种商品或劳务的所有权或帮助该商品或劳务转移其所有权的所有企业和个人。

需要注意的是,分销渠道与营销渠道是有差别的。根据美国营销协会(American Marketing Association,AMA)的定义,营销渠道是指参与商品所有权转移或商品买卖交易活动的中间商所组成的统一体(如图8-1所示)。

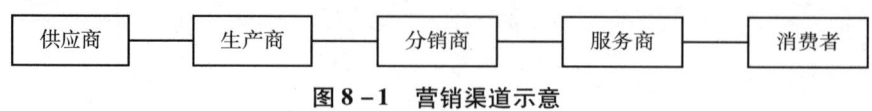

图8-1 营销渠道示意

从图 8-1 中不难看出，营销渠道包括从供应到生产再到销售的全部环节。而分销渠道的起点是生产商、终点是消费者，并经由经销商、批发商、代理商、终端零售商、经纪人等分销商，完成商品的分销。它表明了一个企业的产品从生产到流通再到消费的过程，专指产品价值实现的过程。因此，营销渠道的价值链更长，内涵更丰富，环节更多、更复杂。除"分销"的内容外，还包含原材料供应过程、分销过程及其他服务机构的管理等。[①]

二、分销渠道的功能

（一）分销商存在的必要性

（1）分销商能够提高市场效率。例如，假设某一市场上有三家制造商和六位顾客，由于制造商无法判断哪位顾客需要他们的产品，为了不会遗漏任何潜在顾客，三家制造商均与这六位顾客接触，接触次数共 18 次。如果在制造商和顾客之间出现一位分销商，此时制造商不再需要与每一位顾客接触，只需与这位分销商进行交易，由分销商完成与顾客的对接即可，此时市场产生的接触总数为 9 次，较之前明显减少了一倍。而且，通过分销商实现了集中采购与配送，提高了交易效率，减少了交易成本。

（2）分销商的广泛分布，能使企业的产品销售达到其自行销售所不可能达到的广度和深度。企业相对集中在某些地区，而消费者分布在全国或全球不同地方，这时分销商发挥了重要的物流和中转作用，将产品顺利地从生产商手中流转卖给消费者。

（3）分销商的大批量购买，使生产企业及时收回资金，加速资金周转。企业为了获得规模效应，往往要大量生产某种产品，并且需要快速实现将库存换成资金，进行下一轮生产，而消费者每次购买的产品数量比较少。这时分销商又发挥了它的作用，通过大批量购买，小批量分销，解决了供需的数量矛盾与时间矛盾。

（4）分销商的调剂和组配，能使企业产品同消费者的需求取得一致。企业往往进行专业化生产，分销商则将各色各样的产品聚集，满足消费者对商品多样性的挑选需求。

（5）分销商在市场销售方面具有丰富的知识和完善的技术设施，可以更有效地开展分销活动。由于分销商一般对当地用户的购买行为和市场形态较为熟悉，并且拥有一定数量的稳定客户，能够迅速帮助生产商打开当地市场。特别是当厂家精力、资金有限、对当地市场不熟、没有资源、没有人脉的情况下，借助于分销商对本地客户的资信情况和投资环境的了解，可以减少生产商的经营风险。

（二）分销渠道的功能

为了使消费者在任何时间、任何地点、以任何方式便利地购买到想要的产品和服

[①] 伯特·罗森布罗姆. 营销渠道：管理的视野（第7版）[M]. 宋华，等译. 北京：中国人民大学出版社，2006.

务,分销渠道各成员需要发挥如下功能:

(1) 销售。渠道销售工作主要指如何开发与选择经销商,经销商的日常管理,如何协助经销商进行市场推广、日常维护等工作,并能根据市场的变化提出对应的价格策略、渠道策略、促销策略、包装策略和产品策略,有效激励经销商共同成长的销售过程,以及处理一些市场冲突的问题。

(2) 沟通。在销售的过程中,沟通是必不可少且重要的环节。要想做好渠道销售工作,一定要走出去多和中间商交流,和同行同业交流,和产业上下游组织交流,及时跟踪和了解市场情况。可以是正式及非正式沟通,也可以是定期和不定期沟通。

(3) 信息。指渠道成员有意无意地通过沟通获取关于市场、消费者、竞争者的相关信息,在信息采集的基础上进行信息传递,为企业营销决策提供依据。如生产商通常会派自己的业务代表定期去终端市场调研,去零售卖场找经理聊天,了解市场情况,观察竞品销售情况,汇报给营销经理。信息越多,越有助于企业做出正确的判断。

(4) 洽谈。这是指买卖双方就交易条件,如交易价格、交易方式、运输方式、售后等方面进行谈判,实现交易。生产商找到有意向合作的经销商后,要对双方之间合作、利益分配、市场铺设、权利义务等问题展开深入的谈判。

(5) 服务。渠道各成员都有其需要承担的服务。如中间商要承担分拣、分类、分等、二次包装等,零售商要承担送货、安装、售后等,以保证产品的顺利流通。

(6) 物流。商品从出厂到最终消费者手中,要经过运输、储存和配送等环节,有的企业选择自己承担配送服务,有的企业交由外部的物流公司协助完成。在网络营销背景下,中间商的物流功能越来越重要。

(7) 风险承担。商品流通过程的每一步,渠道成员都会面临相应的风险。可以说,正因为中间商的风险承担功能决定了其存在的必要性和重要性。以产品销售风险为例,一个电器生产商将产品生产出来,因为时间和空间上的矛盾,生产商迅速将这些产品卖给全国各地的中间商,迅速进入下一轮生产,产品销售任务和存储积压的风险转移到中间商身上了。所以说,产品从它被生产出来的那一刻,销售是否顺利的风险就产生了,需要渠道成员通力协作。

(8) 融资。渠道也是一个融资的通道。不论是制造商品,还是销售商品,都需要投入资金,以完成商品所有权转移和实体流转的任务。渠道成员为执行渠道功能需要进行独立的投资,产品通过渠道的销售实现产品价值的同时实现资金的流通。

第二节　分销渠道的常见模式

一、经销商模式

(一) 经销商

经销是指经销商从厂家那里先把产品买来,然后制定适当的价格进行分销。经销商是指将购入的产品以批量销售的形式通过自己所拥有的分销渠道向零售商、批发商或其他组织和个人销售以获取利润的商业机构。厂家可以在经销商把产品卖给最终顾客前收回货款，使资金尽快回笼。如果经销商产品卖不完，一般不退还厂家，只能自行处理产品，有时甚至因此而出现亏损。经销商有独家经销商和特约经销商等不同形式。

（二）代理商

代理商的性质与经销商基本一致，都是借助厂家产品的销售获利的商业机构，厂家要借助它们以实现产品分销的目的，所以，我们把代理商也归为经销商模式这一类。代理商受企业的委托，在一定的区域和处所内，在一定的代理权限下，以企业的名义代替企业行使经济行为（包括销售商品及其他行为），其法律后果直接归属于企业。

（三）经销商与代理商的区别

虽然经销商与代理商在功能和作用上有较多相似之处，但两者所获得的回报和承担的风险是不一样的，原因就在于两者在经营性质和工作流程上存在多个层面的差异。经销商与代理商的根本区别在于经销商在渠道中具有对商品的所有权，可以自由定价，靠产品差价盈利；而代理商不具有对商品的所有权，只能执行厂家的价格政策，靠代理的佣金获益。具体差异如表8-1所示。

表8-1　　　　　　　　　　　经销商与代理商的区别

项目	经销商	代理商
与厂商的关系	买卖关系	代理关系
利润来源	获得经营利润（差价）	赚取佣金（提成）
库存	保持适当库存	多半只有样品而无存货
所有权	拥有商品所有权	不拥有商品所有权
售后服务	一般是自己承担售后服务	一般在合同中注明不担负售后服务责任

资料来源：郑锐洪，等．营销渠道管理（第2版）[M]．北京：机械工业出版社，2019．

（四）经销商模式的优缺点

经销商模式曾经是20世纪90年代以来我国市场分销渠道的主流模式，它在我国经济发展过程中发挥了重要作用。

1. 优点。

经销商模式的优点主要体现在经济性、有效性以及专业化三个方面。经济性是指能够利用经销商在资金、人员、销售网络等渠道资源，降低生产商开发市场的成本。有效性是指可以利用经销商的分销、配送优势，实现产品的快速销售和市场覆盖。专业化是指可以利用经销商的人脉、商誉、社会关系，发挥其本地化、专业化的分销优势。

2. 缺点。

经销商模式也有其不足的地方,存在应收账款风险、市场支持风险以及渠道控制风险。根据中国国情,经销商大多要求赊销,因而会伴随应收账款问题,可能出现呆账坏账。同时,经销商有自己的经营目标,有独立的利益,可能出现对厂家的产品、品牌推广支持不力等问题。经销商是独立的经济实体,拥有商品所有权,厂家对其产品的价格和流向可能很难控制。

二、分公司模式

(一) 分公司模式的含义

分公司模式是指制造企业在各目标市场成立自己的分公司或办事处,开展自主经营、以独立核算和控制销售渠道及终端的渠道模式。其中,制造商的自营销售组织与制造企业生产部门相对独立,它实际承担着企业产品的分销职能,是企业前向一体化的战略体现。当制造企业由于各种原因决定不采用或仅部分利用中间商时,公司的销售机构就要设置独立的销售分支机构,并负责完成应由中间商完成的职能。例如,分公司要库存相当数量的货,并把订单快速送到各零售店或经销商手中,向零售店或经销商提供专柜促销员,同时负责销售人员的招聘、培训和管理,执行总公司市场部制定的市场推广计划,承担相应的产品售后服务,对有账期的大零售商,公司业务员需处理相应财务手续,控制市场价格,对违反者加以制止。

(二) 分公司模式的优缺点

一般认为,企业建立分公司开展直营是一种主动型、控制型的渠道模式,它更多地被一些大企业在重点市场所采用。

1. 优点。

有利于企业制定针对性的销售策略,有利于渠道控制;进入目标市场渠道的谈判成本低,开拓市场的速度更快;独立性强,不会受制于大中间商;政策灵活,在竞争中更容易主动;更容易获得企业人、财、物等方面的支持;制造企业自营销售组织及其成员对企业的忠诚度更高。

2. 缺点。

前期组建成本较高;对企业的管理能力要求很高;售后服务和维修成本需要自己承担;不易形成规模效益;容易产生惰性和企业腐败;退出成本也较高。

三、直销模式

(一) 直销模式的含义

如果制造商不经过中间商环节,直接将产品或服务出售给消费者或最终用户,则这种渠道模式被称为直接销售模式,简称直销模式(也叫直接分销、自产自销或者直接销售)。直销的形式主要有两类:有店铺的直销和无店铺的直销。有店铺的直销包括制造商专卖店、销售门市部、合资分销店等途径,无店铺直销包括人员直销、网络直销、电视直销、电话直销、目录营销、自动售货机等。

直销(直营)模式属于"非中间化"的渠道模式。这种"非中间化"的直销模式的特点是尽量减少中间环节而直接将产品或服务销售给消费者。这种销售模式能够减少中间环节,降低渠道运作费用,提高渠道效率;同时,企业实施直销模式使得渠道信息反馈更快捷更准确,便于渠道决策,使得渠道服务更方便更到位,便于增进和维护客情关系,而且便于控制渠道价格和加快资金周转的频率。

(二)直销模式的优缺点

1. 优点。

它免去了层层加价、多次倒手、多次搬运等环节,有利于降低营销成本和售价,提高渠道产品竞争能力和市场分销效率;生产者与购买者、消费者直接接触,既有利于改进产品和服务,也便于控制价格;人们获得高水平的销售服务提供了可能;直接销售减少了中间环节,减少了应收账款,回款迅速,加快了企业资金周转。

2. 缺点。

由于一切流通职能均由生产者承担,增加了资金占用时间和固定投入费用;生产者承担全部市场营销风险,无法利用中间商资源和渠道分担;由于直接销售具有一定的指向性,所以市场覆盖范围也许有局限。因为消费者居住分散,购买数量零星,因而单凭企业自己的力量,不借助中间商,无法使产品接触到广大消费者。但是,在当今互联网时代,这些负面因素都可以在一定程度上得到克服,因为网络生活模糊了人们生活的疆界,也极大地拓展了企业的商业空间。由此看来,直接销售与间接销售的优缺点是相互补充的,企业应当根据所面临的市场环境和自身条件,合理地选择直销渠道或间接渠道的分销方式。

四、连锁经营模式

连锁经营是一种在世界许多发达国家被普遍采用的现代经营组织形式。自20世纪80年代连锁经营引入我国以后,特别是90年代后期,全国各地的连锁店如雨后春笋,以超乎想象的速度迅速发展。连锁经营对现代商业产生了巨大的影响,同时也影响和改变了人们的消费习惯和生活方式。

(一)连锁经营的含义

连锁经营是指经营同类商品或服务的若干企业,以一定的形式组成一个联合体,通过企业形象的标准化、制度化、专业化实现资源共享,从而实现规模经营。连锁经营通过企业形象和经营业务的标准化管理,实行规模经营,从而实现规模效益。

（二）连锁经营的特征

连锁经营是现代化工业发展到一定阶段的产物，其实质是把社会大生产的分工理论运用到商业领域里，它们分工明确，相互协调，形成规模效应，共同提升企业的竞争力。连锁经营模式具有以下显著特征：

1. 经营理念的统一。

经营理念是一个企业的灵魂，是企业经营方式、经营构想等经营活动的根据。一个成员店作为连锁商店的一分子，无论其规模大小、地区差异，都必须持有一个共同的经营理念。这一经营理念体现在与购物有关的一切物质和精神环境上，要为消费者提供"优雅的购买环境""快捷的服务""衷心的关怀""流行的消费"等。

2. 识别系统的统一。

连锁商店要在众多店铺中建立统一的企业形象，在商品陈列、装修风格、字体、员工服装、办公用品、LOGO等外部视觉形象和内容陈列与包装等方面实现统一的企业识别系统，以便消费者识别该企业，更重要的是使消费者产生一种深刻的认同感。

3. 商品和服务的统一。

连锁经营商店各店铺经营的商品都是精心挑选的统一的产品和规格，并不时更新，提供的服务也经过统一的规划，对所有店铺的服务实行标准化，使消费者对连锁商店形成稳定的预期。就如我们进入任何一家麦当劳或肯德基，都基本可以享受到一致的商品和一致的服务。

4. 经营管理的统一。

连锁经营商店接受总店统一管理，实施统一的经营战略和营销策略，遵循统一的规章制度。包括对员工统一作息、统一着装、统一考核和奖励，各连锁店统一门店收银系统、统一采购、统一配送、统一确定价格、统一促销等，以提高管理效率和规范性。

（三）连锁经营的分类

按照所有权构成不同，可以划分为正规连锁、自愿连锁和特许连锁。

1. 正规连锁（regular chain，RC）。

连锁企业总部通过独资、控股或兼并等途径开设门店，所有门店在总部的统一领导下经营，总部对各门店实施人、财、物及商流、物流、信息流等方面的统一管理。正规连锁是最典型的连锁，最容易形成权力集中的大资本。分店的一切经营管理策略，几乎都听从于总部，分店经理是总部委派的雇员，只负责组织分店的销售及提供服务。正规连锁可以统一调动资金、统一经营战略，所有者拥有雄厚的实力，对外谈判较有优势，在人才培养使用、新技术产品开发推广、信息和管理现代化方面，易于发挥整体优势，有利于深入消费腹地扩大销售。

2. 自愿连锁（voluntary chain，VC）。

自愿连锁是指由许多零售企业自己组织起来，在保持各自经营独立的前提下，联合一个或几个批发企业，建立起总部组织，统一经营、统一采购，以实现规模经济带来的好处，使每一个加盟企业都能获取较大的利润。自愿连锁的成员店在资产上独立，人事安排自定，经营上也有很大的自主权，但经营的商品必须全部或大部分从总部或同盟内的批发企业进货，而批发企业则需向零售企业提供规定的业务。

3. 特许连锁（franchise chain，FC）。

特许者将自己所拥有的商标、商号、产品、专利和专有技术、经营模式等以特许经营合同的形式授予被特许者使用，被特许者按合同规定，在特许者统一的业务模式下从事经营活动，并向特许者支付相应的费用。典型的例子便是麦当劳、肯德基及"7-11"便利店等。这种连锁是目前发展最快的一种形式。特许权可以是产品、服务、营业技术、商号以及其他可带来经营利益的特别力量，特许者对其店铺拥有所有权，是店铺的主人，被特许者必须完全按照总部的规定经营，并向特许者交付一定的费用。

五、电子营销渠道模式

（一）电子营销渠道的界定

电子营销渠道是利用互联网得到产品和服务，从而使目标市场能够利用计算机或其他可行的技术购物，并通过交互式电子方式完成购买交易的渠道形式。通俗来讲，电子营销渠道是指综合利用互联网络、电子计算机和数字交换等多种技术，实现把特定商品或服务从制造商转移到消费者的经营活动过程。电子营销渠道又名电子商务、互联网商务、互联网购物、在线购物、虚拟购物、电子分销等。就目前情况看，以互联网为依托的电子营销渠道分为两种类型：

1. 移动的电子营销渠道。

移动的电子营销渠道又名移动商务，是指能够使消费者在任何地方、任何地点或者是在行进中都能很方便地进行购物或消费的电子渠道或方式，包括了以手机淘宝、京东、拼多多、叮咚买菜等为代表的各类购物 App。移动智能手机极大的便携性和强大的功能为消费者随时随地购物消费提供了可能的平台，而越来越多的消费者不但使用智能手机购物消费，还利用其研究产品、寻找优惠券和比价，手机成了现代消费者重要的生活智库和购物渠道。

2. 社交网络的电子营销渠道。

随着现代信息技术的发展和人们互联网生活的丰富，作为虚拟空间的社交网络也被逐渐发展成为一种可供选择的销售渠道。在美国等发达国家，大多数居民注册有脸书（Facebook）、推特（Twitter）等社交账号，用于交流思想、活动，也用于购物消费。在我国，智能手机普及，大多数用户开通了微博账号、微信账号、抖音账号等，商家利用社交平台推广产品已经成为一种有效的选择，消费者通过微信、微博、小红书、抖音等社交平台购物消费也越来越普遍。

（二）电子营销渠道的优缺点

由于电子渠道费用低廉而且有效，许多公司都在着力拓展。目前已取得成功的领域主要是网上电子订购。

1. 优点。

企业可以通过互联网与世界市场直接沟通，成为世界经济中的一分子，获得平等的交易机会；企业可以从网上获取自己想要的信息，也可以向网上发布有关本企业的商品、服务等信息；顾客可以从网上获取企业的商品或服务的信息，可以向企业咨询、洽谈、订货；企业可以按照顾客的要求进行个性化服务，可以通过配送系统向顾客送货；企业可以迅速获得市场信息，及时地调整自己的生产经营策略，迅速地把自己的产品或服务推向市场，达到出奇制胜的效果；企业可以直接向顾客销售产品，不必采用间接渠道，从而可以减少分销环节，降低渠道费用。

2. 缺点。

消费者通过电子渠道购物，只能浏览网上产品的图片展示，不能直接接触到实物；图片与实物之间往往存在差距，有如隔山买牛，购物满意度很难保证；通过电子渠道购物需要一个订单处理、支付货款、产品分装、物流配送的过程，往往存在购物的成就感、愉悦感滞后的问题；购物网站鱼龙混杂，消费者只能凭借网站上的信息进行真伪判断和优劣判断，往往难以了解企业的真实面目，容易被一些虚假表象所蒙蔽；网络购物存在一定的风险，如"货不对板"、假冒伪劣产品和信用安全风险等。

六、其他无店铺渠道模式

无店铺营销渠道是指制造商和经销商不通过商店，直接向消费者提供商品和服务的一种营销方式。一般包括直邮、目录营销、电话营销、自动售货和新媒体渠道（如互联网、多媒体销售、网络直播销售）等。

（一）直邮

直邮是通过邮局向家庭或企业寄送附有寄件人地址的广告，实现与潜在顾客或已存在的顾客群进行业务联系和实现销售的一种方法。直邮营销者通过寄送各种邮件、信件、传单、宣传单张、广告及其他产品信息，开发客户和达到销售的目的。在如今的互联网时代，直邮最常见的表现形式是给各类顾客发送电子邮件及手机短信。

（二）目录营销

目录营销是一种早在20世纪就出现的直复营销形式或工具。许多著名的消费品销售公司，如西尔斯（Sears）、沃尔玛（Walmart）等就是目录营销的先锋。传统的目录营销在商业零售领域使用越来越广泛，大型卖场、连锁超市、便利店、专卖店都在采用这种模式，这种销售渠道模式可能将继续在各个行业零售领域扮演主要角色。

(三) 电话营销

这是另外一种随着现代技术的出现而发展起来的渠道方法，通过利用和发挥电话的功能，内向接收和外向拨打电话，以此获得客户信息，激发客户需求和进行业务交易。外向拨打电话寻找客户作为营销的一种手段，在操作过程中容易引起指责，因为这种方式被许多人认为具有侵犯性而不受欢迎，而作为企业间沟通的一种手段，也许更具商业价值，对某些公司而言，它是销售组合的一个关键要素、一种制胜手段。内向接收电话，不论对消费者还是对企业间市场都是电话营销领域崛起的新领域，它的发展是与以媒体为基础的直接反映广告的发展相联系的。

(四) 自动售货

自动售货是通过自动售货机或其他自助售货设备来销售商品的一种形式，如自动售货机、自动柜员机、自动售报机、机场的自助办理登机卡、地铁的自助售票机等，都是典型的自动售货方式。自动售货机一般被放在商店、医院、机场、地铁和其他一些公共场所内，以便于顾客消费，同时提高渠道覆盖率和销售效率。自动售货主要用于饮料、休闲食品等包装比较标准的商品销售，随着信息化水平的提高，这种渠道模式趋于普遍，在付款方式上也日新月异，目前多以微信、支付宝或刷脸支付为主。

(五) 新媒体渠道

所谓新媒体渠道，简称"新媒渠"，就是借力传统媒体、移动通信、互联网及服务业媒介，低成本获取庞大客户资源以省去实体网络构建成本。媒体利用其庞大的信息受众规模和稳定便捷的渠道网络，充分发挥产品销售渠道集信息流、商流、物流和资金流四流合一的功能，在第三方企业（广告商）和消费者客户之间搭建沟通和贸易的桥梁，为第三方企业（广告商）提供市场分析、客户选择、营销策划、活动实施、产品代理、信息告知、交易谈判货物配送、资金回笼、服务延伸、顾客维护等系列化、专业化渠道服务的新型业务形态。

第三节 分销渠道设计的基本步骤

长期以来，人们对渠道设计的认知一直停留在实践经验层面。20世纪90年代之后，欧美一些国家的营销专家以渠道管理理论为基础，对渠道设计和管理进行了全面深入的分析，为企业根据市场需求和自身资源具体情况展开分销渠道设计提供了理论指导。渠道设计是指企业为实现销售目标，根据自身产品的特点，结合企业内部及外部环境条件，对各种备选渠道结构模式进行评估和选择，从而开发新型的分销渠道模式或改进现有分销渠道的过程。常见的分销渠道设计程序如图8-2所示。

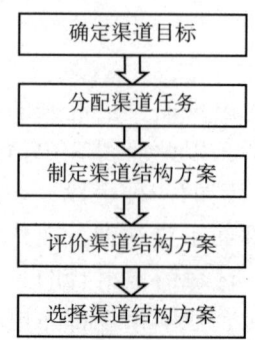

图 8-2　营销渠道设计的基本步骤

资料来源：张闯. 营销渠道管理 [M]. 大连：东北财经大学出版社，2012。

一、确定分销目标

（一）分析消费者需要

分销渠道主要满足消费者的便利性需求或服务需求，分销目标与消费者需求密切相关。分销目标要以消费者想得到的服务为导向。也就是要弄清楚消费者购买什么产品、在什么地点买、何时买、为什么买、如何购买、一次买多少、可以等多久、是否需要附加服务等问题。只有了解消费者所需要的渠道服务，即消费者在购买产品过程中想得到的和期望的服务类型和水平，才能更好地制定出合理的分销目标。一般来说，营销渠道可以提供购买批量、等待时间、空间便利、产品品种和售后服务等服务。

（1）购买批量。批量是营销渠道在分销过程中提供给顾客的单位数量。产品一般是大批量制造出来的，而普通消费者习惯多量少次购买，组织客户则可以批量购入，所以渠道分销商需要为不同客户提供不同的批量拆分服务。

（2）空间的便利性。即营销渠道为顾客购买产品所提供的空间上的方便程度。空间越便利，越能降低消费者的交通成本、搜寻成本。顾客对各种产品的空间便利性的要求不同。在购买高价值的产品时对便利性的要求较低，而在购买日常生活用品时往往要求有较高的便利性，因此日用品企业渠道设计的一个很重要的目标就是大面积接触顾客，加大市场渗透力，使顾客能够就近购买。

（3）等候时间。即营销渠道的顾客等待收到货物的平均时间，顾客对某些产品并不要求立即交付，那么企业在渠道设计时可以采用先接单后生产或适当使用互联网渠道，但如果顾客对交货及时性要求高，那么企业就要将速度作为渠道目标之一，为此可能要求各渠道成员承担一定的储备功能、配备更多的营业员、提供更及时的服务、实现快速传递等。

（4）产品品种。即营销渠道提供的商品花色品种的宽度。一般来说，顾客喜欢较宽的花色品种，以便购买产品时有较大的挑选余地，买到称心如意的产品。例如，汽车购买者买汽车喜欢选择经营多家品牌的经销店,而不是只有单一品牌的经销店。当然,顾客需要的产品品种越多,要求中间商持有的存货就会越多,中间商的存货成本就会上升。

(5) 服务支持。即营销渠道提供的附加服务,如信贷、交货、安装、维修等。顾客在购买某些产品时,需要商家提供必要服务,如电器类产品需要提供送货上门、安装、维修、信贷等必要服务,当然,如果厂家能觉察到客户更深层次的服务需求,在权衡成本的前提下,可以为消费者提供更好的延伸服务,这样可以让消费者有更高的满意度。

确定分销目标时必须了解顾客所需要的渠道服务,但是,这并不意味着要使分销渠道的服务产出水平达到最高。这是因为,提高服务水平往往会增加渠道成本,从而会提高产品的价格,最终可能会导致顾客放弃购买。例如,农贸市场、仓储超市的服务产出水平并非很高,但产品的低价对顾客有很大吸引力,很多顾客仍愿意到这些零售终端去购买产品。因此,分销渠道设计者在了解目标顾客的服务产出需要的同时,还要考虑与之相对应的渠道成本,以及顾客愿意接受的产品价格。

(二) 建立渠道目标

在对顾客所需要的渠道服务产出水平进行了解之后,渠道管理者需要建立新的分销目标或对原有分销目标进行修正,阐明分销渠道在满足目标市场需求、实现企业市场营销目标中所发挥的作用。渠道设计中一些常见的分销目标有增大流量、便利、开拓市场、提高市场占有率、扩大品牌知名度、经济性、市场覆盖面积及密度、控制渠道等。不同的渠道目标决定了企业分销渠道设计的方向和内容。

 扩展阅读

分销目标的确认

某桶装水制造商将分销目标表述为:"本企业将确保充足的供货,使市区的单位用户和家庭订购我们的桶装水后,一小时内就能得到产品。"

某航空公司的分销目标是:"至少85%的航班保证在规定时间前后15分钟内起飞或到达。"

某快递公司的分销目标是:"当夜把包裹送到美国任何地方。"

某保健品制造商设立的分销目标是:"本企业的分销目标就是确保所有老年人只要来到任何药店、超市、大卖场,就可以买到这些产品。"

某女装品牌的分销目标是:"我们的分销目标是确保18~25岁追求时尚的女性,在逛街时至少能在一个服装专卖店内购买到本品牌的服装。"

资料来源:作者自行整理。

二、分配渠道任务

渠道管理者需要根据分销目标展开具体的分销任务分解，详细地列出各种分销任务，并阐明每一种相关的分销任务。这些任务应尽量具体化、定量化，不但要便于各个渠道成员理解，实践中还要便于渠道成员操作，这样才有助于各个渠道成员通过有效地执行分销任务来共同实现分销目标。

一般来说，渠道成员职责主要包括推销、渠道支持、物流、产品修正、售后服务以及风险承担。由此决定的任务包括降低分销成本；增加市场份额、销售额和利润；分销投资的风险最低化和收益最优化；满足消费者对产品技术信息、产品差异、产品调整以及售后服务的要求；保持对市场信息的了解等。

需要注意的是，在渠道成员之间分配渠道任务时，要考虑渠道成员是否愿意承担相关的营销渠道职能、不同的渠道成员所提供的相应职能服务的质量、生产商希望与顾客接触的程度、特定顾客的重要性以及渠道设计的实用性等因素。

三、制定渠道结构方案

在明确了渠道目标后，企业应该制定出一些可行的备选渠道结构方案。从管理的角度来看，渠道结构反映了渠道管理者在渠道成员之间分配分销任务的一种方式。渠道管理者对渠道任务的分配有很多可行的方式，就形成了不同的渠道结构方案。制定渠道结构方案时需要确定渠道的长度和宽度。

（一）渠道的长度

渠道长度通常按照渠道层次或渠道环节的多少来划分。在产品从制造商向消费者转移的过程中，任何一个拥有产品所有权或帮助产品所有权转移的机构都是一个渠道层次。在现实中，通常以使用中间机构层次的数目来表示渠道的长度（如图8-3所示）。

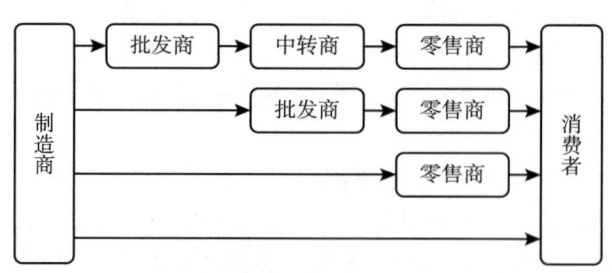

图8-3 渠道的长度结构

图8-3中，由上到下分别为零级渠道、一级渠道、两级渠道和三级渠道。零级渠道没有中间机构介入，由制造商直接将产品销售给消费者，包括上门推销、邮购、互联网直销等。随着网络的广泛应用，互联网直销变得切实可行，采用这种模式的公司

也日益增多。一级渠道是在公司和消费者之间雇佣一层中间机构，这种形式的优势在于制造商通过中间机构可以时刻便捷地接触到确定的消费者群体。二级渠道中包含了两个中间层，也就是有两个中间环节。三级渠道也称多层式分销，层级多的原因也许是因为地理环境复杂或经济情况特殊等。中间环节越少，渠道就越短，相反，中间环节越多，则渠道越长。通常，把一级渠道及一级以下渠道定义为短渠道，而把两级或两级以上的渠道称为长渠道。

 扩展阅读

舒适和吉列在日本

1962 年，日本开放刀片市场，舒适公司和吉列公司等其他公司一起进入日本市场。此后，舒适公司将产品分销交给精工公司去做。精工公司从美国进口舒适刀片，然后卖给遍布全国的 15 万个批发商。很快，舒适刀片在日本的市场占有率达到 60%。与此同时，吉列公司则靠自己攻打日本市场，它没有像舒适公司那样选择一家日本的独立代理商，而主要是通过销售人员销售刀片，结果市场占有率一直徘徊在 10% 左右。

资料来源：郑春震. 舒适刀片产品创新与品牌的发展之路［J］. 企业研究，2012（2）：5，11。

从理论上看，一个渠道的层次数目的变化范围可以从零级到很多级，可以设计出无限的渠道结构，但在现实中，可以供渠道管理者考虑的可行的渠道层次的数目是有限的，不过两级或三级。如汽车业中很多企业通过短渠道来销售汽车，一般是企业将生产出来的汽车提供给汽车经销商，再转售给顾客。而在其他一些行业内，不同企业的渠道结构的层次数各不相同。因此，渠道管理者应在考虑到影响渠道结构的主要因素基础上，根据具体情况来确定可行的渠道层次的数目。

（二）渠道的宽度

中间商数量的多少与渠道宽度紧密相关。从渠道的宽度来看，主要有密集性分销策略、选择性分销策略和独家分销策略。①

密集性分销策略是制造商在同一层次的中间环节中选用尽可能多的中间商分销自己的产品。产品在市场上的销售铺天盖地，最大限度地覆盖了目标市场。这种策略可以最大限度打开市场，便利品多采用这种渠道战略，但这种策略对市场的控制难度较大，中间商之间的竞争非常激烈。

选择性分销策略并非使用许多中间商，而是从许多愿意从事分销业务的中间商中，按照一定标准精心挑选部分中间商与之合作。这种策略下，企业不必担心分销机构过

---

① 庄贵军，等. 营销渠道管理［M］. 北京：北京大学出版社，2004.

多,又便于与中间商建立良好的合作关系,获得适当的市场覆盖面。与密集分销策略相比,采用这种策略具有较强的控制力,成本也较低。这类渠道战略多为消费品中的选购品、工业品种的零配件销售所采用。消费者需要对其精挑细选,需要渠道中间商提供可靠且质量好的服务。常见问题是如何确定经销商区域重叠的程度,以防出现渠道冲突。

独家分销策略是一种窄渠道分销策略,它在某个特定的市场只使用一个中间商。一般来说,这种策略通常会有排他性的合作条件。这种模式下,最大的好处是市场秩序井井有条,没有激烈的竞争和冲突,中间商为顾客提供了较高水平的渠道服务。但市场开拓的进展速度不会很快,且一个分销商的能力毕竟是有限的,在市场操作能力上往往既有强项又有弱项,不可能满足厂家对渠道开拓管理的全方位需求。因此,选择独家分销要冒较大的管理风险和市场风险。主要适用于一些特异性产品,如专利技术、技术性强、价值高的商品,大众消费品不太适用独家分销策略。

企业对渠道宽度的选择一般会受到企业的营销战略的影响。如果营销战略强调精选目标市场,则可能会要求建立一个精挑细选中间商的渠道结构。反之,一个企业的营销战略要求大范围销售其产品,则很可能采用宽的渠道结构。例如,可口可乐公司要求其产品要能随处可得,就采用了密集性分销策略,将产品提供给任何一个想获得其产品的零售网点,使顾客到处都能方便地买到其产品。

四、评价渠道结构方案

营销渠道结构的各种情况及基本方案确定之后,需要对渠道结构进行评价。评价渠道结构的主要标准有三种:经济性标准、控制性标准和适应性标准。[1]

(一)经济性标准

经济性评价标准是在对不同渠道方案进行评价时应该首先考虑的。经济性标准是以渠道成本、销售量和利润来衡量渠道方案的价值。进行经济性评价有以下三步:第一步,企业要选择利用直销渠道还是间接渠道销售产品。第二步,评估不同渠道结构在不同销量下的成本。第三步,比较不同渠道结构下的成本与销售量。

(二)控制性标准

企业还要考虑渠道控制问题。分销中间商本身是一个独立的经济利益主体,有其自身的利益考虑。有的企业认为特许加盟是一种很好地扩大市场份额和影响力的渠道模式,就不断地招商加盟,结果疏于管理,或本身经验不足,没能有高效的管理体系,造成加盟商各自为政,最终导致市场一片混乱。因此,企业在渠道结构选择时,还要认真考虑控制因素。直接的分销渠道最容易控制,长而密的分销渠道很难控制,而长度适中、密度适中(选择性分销)的分销渠道在控制性上则处于二者中间。

---

[1] 彭建仿. 分销渠道管理学教程 [M]. 广州:中山大学出版社,2015.

(三）适应性标准

由于市场营销环境的不断变化，每一种分销渠道模式都只能持续一段时间，而不能一劳永逸地发挥作用。因此，在设计渠道模式的时候，就需要考虑到该模式的环境适应性，能够不断地随着环境的改变而对其中一些不适应的要素进行局部调整和改进。

五、选择渠道结构

在评估渠道结构之后，我们要对采用何种渠道结构做出选择，也就是选择"最佳"的渠道结构，即在成本最低的情况下能有效地完成渠道目标及各项渠道任务的渠道结构。

第四节 渠道策略的影响因素

企业在设计营销渠道时，必须充分考虑内外部多方面的约束和影响因素，然后在理想渠道与可行渠道之间进行权衡、比较和选择。渠道策略的影响因素一般包括市场、产品、企业自身、分销商特点、竞争者特性等（如图8-4所示）。

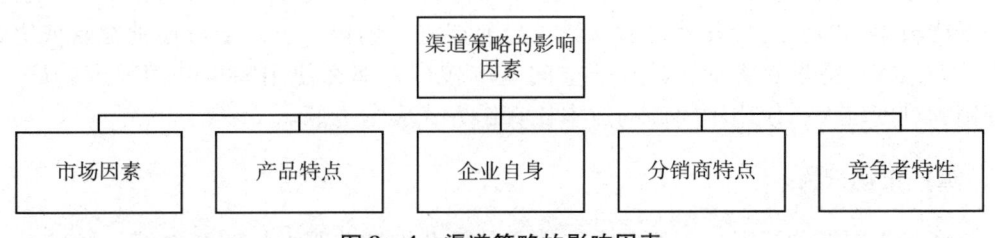

图8-4 渠道策略的影响因素

资料来源：郑锐洪，等.营销渠道管理（第2版）[M].北京：机械工业出版社，2019。

一、市场因素

市场因素中的市场地理位置、市场规模、市场密度和市场行为等对渠道结构有着重要的影响。

消费者或市场的特点是渠道结构设计中最为关键的因素，以下有关消费者因素的几个主要方面在渠道设计时需要进行考虑。

（一）市场地理位置

市场地理位置是指市场的范围和位置，以及与制造商之间的距离。从渠道设计的角度来看，与市场地理位置相关的基本任务是所构建的渠道结构应足以覆盖目标市场，并能向这些市场有效地供货。市场地理位置与渠道设计之间的关系是：企业与市场之间的距离越远，使用中间商分销产品越划算。在现实中也是如此，例如，我国的某家电企业要将10万台冰箱出售给欧洲的顾客，可以一台台地由该企业自己销售直接卖给顾客，也可以通过家乐福分布在欧洲各地的众多门店将这些冰箱销售给顾客，相对而言，企业直销时运输成本总和会远远高于将这些产品装入集装箱运送到家乐福配送中心的成本。因此，在制造商离顾客很远时，应该使用间接渠道。

（二）市场规模

市场规模是指某市场上购买者和潜在购买者的数量。消费者数量的多少构成市场容量的大小，不论是消费品市场，还是工业品市场，消费者数量的多少是企业决定是否采用中间商的一个重要因素。如果潜在消费者和现实消费者数量较多，也就是这个市场比较大，对有限的企业分销能力来说，要满足这么多消费者的需求确实存在一定的困难，因此，需要中间商的可能性就大。相反，当消费者数量比较少时，则可考虑采用直接渠道销售或短渠道即可。

（三）市场密度

市场密度指市场单位面积内购买者或潜在购买者的数量。市场密度的大小取决于单位面积上购买者的数量。顾客高度密集的市场使大量产品的运输成为可能，也有利于企业和客户之间进行洽谈和信息交流，从而减轻了分销的难度。也就是说，当消费者市场比较集中时，适合开展直营，建立分公司进行销售，可以进行连锁经营或直销；反之，如果客户分散在各地，涉及的空间范围较广，那么使用间接分销渠道较好，因为分销的难度较大，使用中间商的成本比直销方式成本更低。

（四）市场行为

市场行为包括购买者、购买地点、购买的季节性和购买批量四个方面。

1. 购买者。

从渠道设计的角度来看，谁是真正购买者对组织市场上中间商类型的选择会产生影响，对消费者市场上零售商的选择也会产生影响。例如，男式服装的使用者一般是男性，但购买者往往是男性的妻子或女友，这些女性比男性逛商场的次数更多，生产男式服装的企业就可以选择百货商场来销售其产品。

2. 购买地点。

随着市场环境和人们生活方式的变化，越来越多的消费者倾向于在家中购物，企业则应该考虑增加网络分销渠道。

3. 购买的季节性。

季节性强的产品，制造商很难在短时间内达到较高的铺货率，而在淡季又容易造成闲置浪费，因此，要使用较长的渠道，利用中间商力量进行囤货，分担囤货压力。

4. 购买批量。

从购买批量来看，如果顾客每次购买产品的数量多而购买次数少，单位分销成本越低，因此可以使用直接渠道或短渠道。相反，如果顾客每次购买产品的数量少且购买频繁，则宜采用长渠道。

二、产品特点

产品的用途、产品的定位等对营销渠道结构的选择都是很重要的。

（一）单位产品价值

一般而言，产品单个价值越小，分销渠道越长。如消费品市场的便利品口香糖。对厂商来说，单位价值低，毛利空间也较小，如果自己承担这类商品的销售，难以保证利润的获取，除非同时经营并销售多种其他相关产品，产生规模经济以确保收益，因此，厂家一般会委托专业的分销商来为其分销商品，让中间商一起分担分销费用。相反，单位价值高的话，则建议采用短而窄的渠道。

（二）体积与重量

体积过大或过重的产品，应选择直接的或中间商较少的间接渠道。如大型设备、水泥、矿石、谷物、饮料、啤酒等应减少运输距离和重复搬运次数，因为对这类产品来说，其储藏、搬运和运输成本通常会占其产品价值的较高比例，企业应想办法降低储运成本。当然也存在例外情况，当客户小批量购买并要求快速供货时，则有必要通过中间商来销售。

（三）产品易腐性

易腐（如蔬菜、海鲜）及保质期很短（如奶制品、熟食品）的产品宜采用较短的渠道，这样可以减少中转过程而不至于使产品变质或失效。

（四）产品标准化

高标准化产品应该比低标准化产品使用更长、更宽的渠道。而标准化低，尤其是定制的产品顾客数量少，可以进行直接销售。

（五）产品时尚性

对式样、款式变化快的产品，应多利用直接营销渠道，尽可能缩短分销在途时间，尽早上架以免错过流行季节。

（六）技术性和售后服务

具有高度技术性或需要经常服务与保养的产品，营销渠道要短。对非标准化的产品则最好由企业销售代表直接销售，便于安装与指导使用，而在这方面中间商往往缺乏必要的知识。需要安装调试的产品或者要维持长期售后服务的产品，一般应由公司直销或独家经销商来销售。

三、企业自身

(一) 企业战略目标

企业的渠道设计首先取决于企业的战略目标。如果企业需要进入国际市场，就必须立足世界的眼光设计国际型的营销渠道；如果企业计划发展成为国内知名企业（或品牌），就需要立足全国市场的开发进行渠道设计，例如，哪个市场为先，哪个市场为后，哪个市场为重点，哪个市场为补充，哪些需要分销，哪些需要直营等，都要做出选择。如果一个企业只想在地方发展，只想成为地方品牌，其渠道选择又会不同，完全可以选择直营和连锁经营。所以，企业在进行渠道设计之前必须先分析企业的战略目标，了解其与现有渠道的匹配程度，了解企业以往进入市场的步骤、经验，同时还要对企业的渠道现状进行分析，明确企业的战略方向，才能制定好营销渠道战略。

(二) 企业的规模与实力

一般情况下，规模较大的企业在渠道选择时拥有更多的权利、更多的自由度、更大的灵活性，进而可以选择、开发适合于分销任务的最佳渠道。企业若拥有充足的资金配备自己的销售人员和服务支持人员，拥有较强的仓储和订单处理能力，能够承受直接渠道所需的高成本，甚至可以建立自己的销售网点。相比之下，规模较小的厂商，由于受到条件和能力的限制，可供选择的渠道结构方案是非常有限的，只能借助中间商的力量以节约成本。

(三) 企业的人才与管理水平

人才与管理水平是企业管理的重要因素，不同渠道模式对人才及其管理水平的要求不同。例如，建立分公司和建设专卖店就相对复杂一些，对管理人才及公司管理水平的要求就高一些，相对来讲，找经销商进行分销就会简单一些，因为很多市场问题留给经销商处理。因此，企业若缺少履行分销任务所必需的相关管理技能（如销售人员的招聘、培训、激励和日常管理），那么借助专业的中间商来执行相关的职能更为合适，待相关经验和技能得以学成后，可以考虑少用或不用中间商。

(四) 企业产品组合状况

具有很多条产品线的大型企业，在营销渠道设计时可以有多种选择，可以直营、分销、连锁经营，也可以根据不同产品线特点选择不同的渠道模式。这类企业往往市场占有率高、销量大，能够分担分销成本，所以往往可以直接向大型零售商供货，而产品种类少、规模小的企业则不得不依靠批发商和零售商来销售其产品。此外，产品组合的关联度高，往往可以利用同一营销渠道；而产品组合关联度低，则常常需要对不同产品线设计不同的营销渠道。

四、分销商特点

在考虑市场基础时，渠道结构设计者应着重考虑现有分销商的现状、特点及要求，在能够兼顾和发挥现有分销商资源优势的前提下选择设计合理的营销渠道结构模式。

（一）可得性

考虑分销商的可得性需要提出两个问题：一是在现有分销商中是否存在可以经营本企业产品的分销商？二是如果存在，他们是否可以有效地经营本企业产品？尽量不要选竞品分销商。

（二）成本

如果采用某类分销商而使得企业承担过高的费用，在设计渠道时就可以考虑不采用这类分销商。但是，要注意不能把成本因素看得过重而忽视了渠道目标。过分看重成本是渠道结构设计的一个误区，它可能导致企业倾向于利用成本最低的分销商而舍弃一些高端渠道（如大卖场、购物中心），而使得产品不能有效覆盖市场和提供必要的服务，从而造成顾客的不满意和销售不力。渠道结构设计要考虑渠道效益（销量、利润、品牌价值）与渠道成本之间的平衡。

（三）服务

在选择分销商类型，甚至设计渠道长度时，涉及分销商可以为顾客提供的服务问题。企业要考察分销商的服务提供能力，即分销商是否可以配合企业向市场提供消费者需要的服务，如免费上门安装、免费技术指导等。如果分销商不具备这样的能力，那么要重新考虑。只有能够提供顾客服务、能够让顾客满意的分销商才是合适可用的分销商。

五、竞争者特性

行业不同，企业间营销渠道的竞争方式也不同。竞争者的营销渠道会对企业的营销渠道设计产生重要影响，企业应对竞争对手的销售地点、渠道类型、产品和服务特点、市场规模、消费者特点与规模等进行分析，还要对竞争对手的分销策略如销售密度、销售性质、渠道成员及渠道结构进行分析，从而有助于设计自身的营销渠道。

一般来说，当竞争不激烈或消费者购买模式比较固定或产品与竞争对手相比具有竞争优势的情况下，可采用与竞争者相同的渠道策略；当竞争激烈或各种销路已经被竞争者利用或垄断时，就尽量采用与竞争者不同的渠道策略和中间商，开辟新渠道。例如，日本石英电子表在进军美国市场时，避开了瑞士名表占据绝对优势的传统销售渠道——钟表店，而选择了零售店、超市等与产品物美价廉、样式新颖定位匹配的销售渠道，迅速获得成功。

本章小结

分销渠道是指某种商品或劳务从生产商向消费者移动的过程中，取得这种商品或劳务的所有权或帮助该商品或劳务转移其所有权的所有企业和个人。常见的渠道模式包括了经销商模式、分公司模式、直销模式、连锁经营模式、电子营销渠道、其他无店铺渠道模式等。

分销渠道设计的步骤包括确定分销目标、分配分销任务、制定渠道结构方案、评估渠道结构方案、选择合适的渠道结构方案等。渠道管理者应该在分析消费者需求的前提下，设立或调整现有的分销目标，并将分销目标明确地描述出来，为确保企业不同层次的目标的一致性和连贯性，渠道管理者还要认真分析与分销目标相关的企业目标和营销目标。在明确了渠道目标后，企业应该展开具体的分销任务分解，详细地列出各种分销任务，并阐明每一种相关的分销任务，随后制定出一些可行的备选渠道结构方案，展开评估，最后选择合适的渠道结构方案。

分销渠道设计受多种因素的影响，包括市场、产品、企业自身、中间商、竞争者等。市场的特性影响着分销的战略，进而影响着营销渠道设计。产品及其生产特性对产品的分销提出了技术上的要求，也对营销渠道的设计产生影响。企业营销渠道的建立和运行需要一定的资源，因此受到企业实力和财务基础的严重制约。同样，中间商作为营销渠道的重要组成部分，它的特长与能力也是渠道设计的一个重要考虑因素。企业还必须密切关注竞争者的动向和它的营销渠道的设计，采用相同或完全不同的营销渠道来开展竞争。

【思考题】

1. 你认为分销渠道的常见模式中，哪一种更有发展前途，为什么？
2. 分销渠道设计的一般程序是如何体现"以顾客需求为导向"的？
3. 产品特点是如何影响到分销渠道的设计的？
4. 厂家 A 想在某地寻求经销商，已知当地有两个经销商 B 和 C，B 是当地较有实力的大型经销商，同时经销多个企业多种品牌的产品，C 是当地刚起步不久、初具规模的经销商，但同意专一代理厂家 A 的产品，请问如果你是厂家 A，会如何选择，为什么？

第九章
促销策略

【学习目标】
- 理解和运用广告策略的流程和方法
- 熟悉人员推销策略的主要环节与方法
- 熟悉公共关系策略的流程与内容
- 熟悉不同营业推广策略的流程与内容

企业在成功开发出适销对路的产品、制定出有吸引力的价格和开辟通畅、高效的分销渠道之后，还必须组织实施一系列促销活动，以使潜在顾客了解产品，引起其注意，激发其购买欲望和购买行为，从而实现扩大销售的目的。促销是市场营销组合的四个策略之一，其执行质量与效果如何，直接影响到企业的营销目标能否顺利实现。

促销实质上是种沟通活动，即营销者（信息提供者或发送者）发出作为刺激消费的各种信息，把信息传递到一个或更多的目标对象（即信息接收者，如听众、观众、读者、消费者或用户等），以影响其态度和行为。为了使这一活动过程更具科学性，获得更大的经济效益，必须对这一过程的一切活动进行精心策划。常用的促销手段有广告、人员推销、营业推广和公共关系。企业可根据实际情况及市场、产品等因素选择一种或多种促销手段的组合。

第一节　促销策略概述

一、促销的概念

促，追也，本义为紧迫，又指急促、赶快。促销，也就是销售促进的简称，是市场竞争过程中的一把利剑。产品市场的促销，作用在于对产品施加推动作用，使产品能够更快地进入市场和扩大市场。在市场上并非每一个公司都做广告，但是每一个公司都无一例外地开展促销。

促销由一个包罗万象的推广工具所组成，主要目的在于促使消费者提高或增加购买量，使企业销售额能有所突破。促销者对特定促销对象提供短暂的、额外的诱因或利益，诱使促销对象能提前购买更多促销产品从而转换品牌，以期达到促销者所期望的反应和行为。

促销是市场营销组合的四个策略之一，其执行质量与效果如何，直接影响到企业的营销目标能否顺利实现。美国市场营销协会（American Marketing Association，AMA）认为促销是"以人员或非人员的方式帮助说服顾客购买某种商品或劳务，或者使顾客对卖方的观念产生好感"。它主张企业把广告、人员推销、公共关系和销售促进四种基本促销方式组合为一个策略系统，使企业的全部促销活动互相配合，相辅相成，协调一致，最大限度地发挥促销的整体效果，从而顺利实现企业的营销目标。

四种基本促销方式的比较如表9-1所示。

表9-1　　　　　　　　　　四种基本促销方式比较

促销类型	沟通方式	促销功效	优点	缺点	时效性
广告	靠媒介进行传播、单向沟通	提高企业及产品的知名度	传播范围广、形式多样、可控、人均成本低	信息传播量有限、总成本高	中长期
公共关系	间接促销手段、双向沟通	树立良好的公众形象	客观、可信度高	可控性差	长期
营业推广	直接促销手段、单向沟通	短期内增加销售量	直接、见效快、可控性高	某些推广形式成本高	短期
人员推销	面对面、双向沟通	与顾客建立良好关系	针对性强、灵活性大、见效快	成本高、覆盖范围有限、预算困难	中长期

二、促销的特征

促销具有以下四点主要特征。

（一）活动时间短

促销主要在刺激消费者尽快购买，同时又要避免造成消费者过度预期的心理，一般而言不会进行过于频繁或长期的促销。

（二）活动有弹性

相对其他推广工具，促销活动有较大的弹性，厂商可视需要与能力执行不同的促销活动。

（三）额外的附加价值

促销常带给消费者或中间商一些好处，增加产品或服务的附加价值。例如消费者可"积点"抵现金或换赠品，为中间商带来人流与商机。

（四）立即反应

促销的主要动机是刺激消费者或中间商，希望他们能尽早表现出预期的反应，也就是购买（消费者方面）与合作（中间商方面）。

三、促销的基本策略

促销策划从总的指导思想上可分为推动策略和拉引策略。

（一）推动策略

推动策略是指企业运用人员推销的方式把产品推向市场，即从生产企业推向中间商，再由中间商推向消费者的策略，如图9-1所示。推动策略一般适用于单位价值较高的产品，性能复杂、需做示范的产品，根据用户需求特点设计的产品，流通环节较少、渠道较短的产品，市场比较集中的产品等。

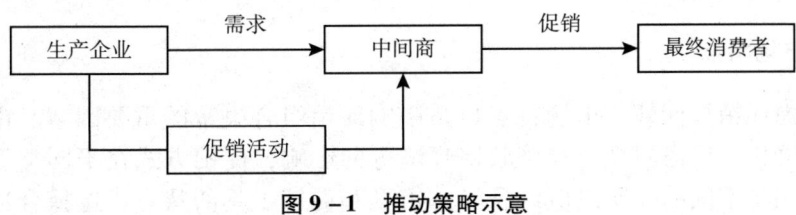

图9-1 推动策略示意

（二）拉引策略

拉引策略是指企业运用非人员推销的方式吸引顾客，使其对本企业产品产生需求，以扩大销售的策略，如图9-2所示。对单位价值较低的日常用品，流通环节较多、流通渠道较长的产品，市场范围较广、市场需求较大的产品常采用拉动策略。

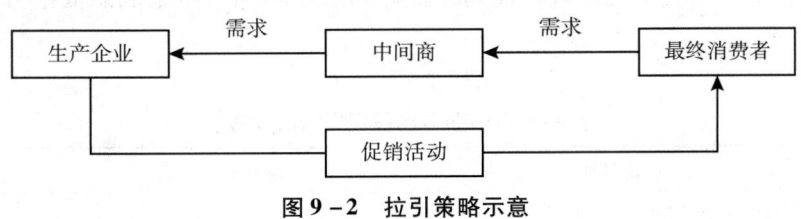

图9-2 拉引策略示意

（三）推拉组合策略

现代市场经济条件下，竞争日趋激烈，单独地使用一种促销策略往往不能适应竞争环境，生产商可以在"推动"中间商的同时"拉引"消费者，通过对中间商和消费者同时采取促销攻势，使产品迅速打开销售渠道，占领市场。这种双向的促销方式是目前多数企业采用的促销方式，如图9-3所示。

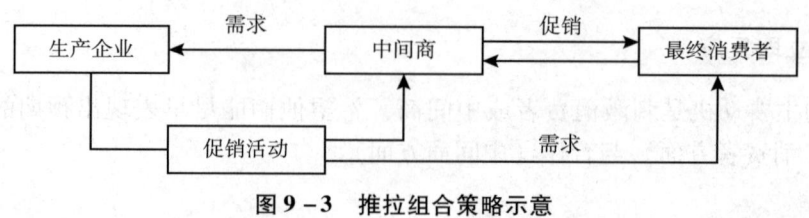

图 9-3 推拉组合策略示意

四、影响促销组合的因素

影响促销组合决策的因素主要有:

(一) 促销目标

促销目标是影响促销组合决策的首要因素。每种促销方式——广告、人员推销、公共关系和营业推广——都有各自的特性和成本。营销人员必须根据具体的促销目标选择合适的促销工具组合。

(二) 市场特点

除了考虑促销目标外,市场特点也是影响促销组合决策的重要因素。市场特点受每一地区的文化、风俗习惯、经济政治环境等的影响,促销方式在不同类型的市场上所起到的作用是不同的,所以应综合考虑市场和促销工具的特点,选择合适的促销工具,使它们相匹配,以达到最佳促销效果。

(三) 产品性质

产品类型不同,购买者的购买行为差别很大。

(四) 产品生命周期

在产品生命周期的不同阶段,促销的目标和重点不同,所采取的促销方式也不同,如表9-2所示。

表 9-2　　　　　　　　产品生命周期各阶段促销方式比较

生命周期	促销目标	促销主要方式	预期效果
介绍期	促使消费者认识、了解企业产品、提高企业及产品知名度	广告和公共关系	知晓度
成长期	提高产品市场占有率,树立企业形象	广告和公共关系	知名度
成熟期	与竞争对手相抗衡,保持市场占有率	针对性的广告、营业推广、配合人员推销	创新度
衰退期	保持顾客,延长生命周期	提示性广告,停止大量促销	忠诚度
全周期内	建立信任感,让顾客满意	公共关系	偏爱度

从表 9-2 可以看出，在整个产品生命周期中，企业所应采取的促销方式在不同阶段而有所不同。总的来看，在介绍期和成长期，促销活动十分重要；而在成熟期和衰退期，则可以降低促销费用支出，缩小促销规模，以保证足够的利润。

（五）促销费用

促销组合较大程度上受公司选择"推动"或"拉引"策略的影响。推动策略要求使用销售队伍和贸易促销，通过销售渠道推出产品。而拉引策略则要求在广告和消费者促销方面投入较多，以建立消费者的需求欲望。

（六）其他营销因素

影响促销组合的因素是复杂的，除上述五种因素外，公司的营销风格、销售人员素质、整体发展战略、社会和竞争环境等都不同程度地影响着促销组合的决策。营销人员应审时度势，全面考虑才能制定出有效的促销组合决策。

五、促销策划的基本程序

促销策划就是制定促销的战略部署，让促销得以成功达到目的的谋划与设计。一般而言，要通过以下基本程序：

（一）确定目标市场

促销方案第一步就是确定目标市场，其实就是确定产品或是服务针对的消费者。只有认准了消费者，才能针对目标消费者的特征，采取有效的促销手段，与他们进行营销沟通，并在沟通过程中传达最适合于他们的营销信息。

（二）确定促销目标

促销目标就是期待目标市场对促销活动所做出的反应，如促使他们获取购物优惠券并进行购物。营销者需要根据目标来制定促销方式及手段。

（三）确定促销信息

促销信息实质上就是在与目标市场沟通时用以吸引目标市场所采用的文字和形象设计，它是促销方案在市场上实施的外在形象。

（四）选择促销手段

作为信息的发送者，必须选择最有效的促销手段，以便准确传达促销信息，这是促销策划的关键步骤。

（五）确定促销预算

促销预算是指企业在计划期内反映有关促销费用的预算。促销费用是一种支出，也是一种投资，过低会降低促销效果，过高又可能会降低企业利润。促销活动是为了刺激消费，如果促销活动造成了企业的负担就得不偿失了。

（六）确定促销总体方案

当促销总体方案确定下来以后，必须自始至终协调和整合总体方案中所采用的各种不同的促销手段，这一点对实现预期促销目标来说非常重要。制定详尽的推进计划，是保证促销方案顺利实施的前提。

（七）评估促销绩效

对促销总体方案做出评估和调整，其目的不仅是为了调整那些效果不佳的促销手段，同时也是为了使以后的促销总体方案能够更有效地为实现促销目标服务。

第二节 广告策略

一、广告策略概述

（一）广告与广告构成要素

广告是指广告主以促进销售为目的，支付一定费用，通过特定媒体传播商品或劳务等有关经济信息的大众传播活动。根据广告的定义可以看出，广告活动涉及三个主体——广告主、广告公司和广告媒体。广告活动要求三个主体密切合作，明确分工，按照一定顺序共同参与广告规划，其中广告主负责制定广告目标、制定广告总体战略、制定广告预算以及进行广告管理；广告公司负责市场与产品分析、消费者与环境分析、广告创意与制作以及制定发布计划；广告媒体负责对广告进行发布。

（二）广告策划的概念

所谓广告策划是根据企业的营销策略，按照一定的程序对广告运动或者广告活动的总体战略进行前瞻性规划。它以科学、客观的市场调查为基础，以富于创造性和效益性的定位策略、诉求策略、表现策略和媒介策略为核心内容，以具有可操作性的广告策划文本为直接结果，以广告活动的效果调查为终结，追求广告活动进程的合理化和广告效果的最大化，是企业营销运作的一个重要环节。有效的广告策划，是广告宣传达到其预期目的的强有力保证。因此，它是决定广告活动成败的关键。

（三）广告策划的诉求对象

广告诉求对象就是广告活动意欲传达广告信息，从而引起其购买兴趣和欲望，最终促使其完成购买行为的受众。因此，广告诉求对象的确定对于广告活动而言是牵一发而动全身的，广告诉求对象的确定失之毫厘则谬以千里。因此，广告诉求对象的确定要反复论证，慎之又慎。

广告诉求对象与广告受众两者严格说来还是有区别的。广告受众具有一般性，即能接触到广告作品的公众，未必能把广告信息转化为消费动机和行为。而广告诉求对象具有广告目标的针对性，是广告活动有意施以影响激发其消费欲望，促使其产生购买动机并完成购买行为的群体。

广告诉求对象一般与广告主的目标消费群体具有一致性。定位正确的目标消费群体一般可以确定为广告诉求对象。对于广告诉求对象的分析是广告策划的一个重要基础工作。这种分析应涉及其性别、年龄、经济收入、文化程度、职业特点等方面，并且要深入分析其对广告产品的消费心理与消费行为倾向以及其视听"兴奋点"，以此作为广告信息的切入口和发挥点，广告不能以一般大众为信息终端，实施无差异化的广告策略，这一点是显而易见的。

在确定广告诉求对象时，还有一种情况应该引起特别注意，即产品的直接消费者和产品的购买决策者或购买执行者存在着相互分离的情况。这时广告诉求对象确定为产品的购买决策者和购买执行者是恰当的。如婴幼儿并不具有独立的行为，这些产品的广告与其说要获取婴幼儿的喜爱还不如说要博取家长的认同。因此在广告制作时，广告的内容不仅要符合婴幼儿的生理、心理特点，更应符合家长的心理特点，获得家长的赞同，从而促使其作出购买的决策并付诸实施。

（四）广告策划的原则

1. 目的性原则。

广告策划首先要明确广告活动的目的：或者是为了扩大影响，提高知名度；或者是为了抢占市场，促进产品销售，追求经济效益等。整体广告策划是以追求经济效益和社会效益相统一为目标的广告活动。

2. 统一性原则。

广告策划活动是一个整体，要综合进行分析，以选择最优方案。在广告活动的各个环节都要保持一致，如广告目标的统一性、广告策略的统一性、广告媒体、表现形式的统一性等，这样就可以减少广告活动的随意性和无序性，逐步累积广告效果，有利于广告目标的实现。

3. 灵活性原则。

广告活动的目标受众的购买行为和购买动机极为复杂，广告环境和竞争状况等都不断变化，因此广告策划要有弹性。如果广告策划方案与实际情况出现偏离，就应及时调整、修订，甚至重新策划广告活动。企业还必须结合实际情况不断调整策划工作，如修改广告创意、调整广告媒体、调整地区、广告时机和方式等，以保证广告效果。

4. 创造性原则。

创造性是广告策划的保证，可以从竞争者的特点中找出空隙，挖掘竞争者没有的特点，作为广告策划的切入点，其具体表现在广告定位、广告创意、广告设计、广告媒体等各个方面。例如，某打字机"不打不相识"的广告口号，出奇制胜，格外引人注意。

二、广告总体策略

广告总体策划的内容包括：明确广告目标、确定广告预算、选择广告信息。

（一）明确广告目标

通常，企业的广告目标分为信息性目标、说服性目标、提醒性目标。在确定某一广告方案的目标时，可以先明确某一目标的主要内容，然后尽量使之量化。

1. 信息性目标。

信息性目标即以向顾客提供有关产品的各种信息，以便使顾客对该产品产生初步的需求为目标。这些信息可能是产品的名称、生产厂家、性能、用途、技术、质量特征、价格、服务等。这类目标的量化指标通常有知名度、记忆率、理解度等。这类目标通常是广告上市初期应该完成的。

2. 说服性目标。

说服性目标即以说服顾客购买为目标。其具体内容可能是：培养品牌偏好、提高顾客的品牌忠诚度、改变顾客对产品的认识、说服顾客改用本企业的产品、说服顾客立即采取购买行动等。这类目标着重于宣传产品特色或优点，使顾客相信本企业的产品好于其他产品，因此常常是企业在成长期和成熟期、市场竞争比较激烈的时期应该追求的目标。其数量化指标包括市场占有率、品牌偏好度、广告前后的销售量等。

3. 提醒性目标。

提醒性目标即以提醒老顾客继续购买产品或使之确信自己的选择十分正确为目标。其具体内容包括：维持较高知名度、再次唤起顾客的需求、强化满意度等。当一个企业的产品已经在市场上建立了良好的声誉或者产品处于成熟阶段时，大多数企业的广告往往追求提醒性目标。最后应当指出的是，广告目标的选择应建立在透彻了解企业自身情况和市场状况的基础之上。不同的自身情况和市场状况应采取不同的广告目标。广告目标应当规定具体的要求，如视听率、知名率、理解率、记忆率、偏爱率等，以作为检查广告效果的根据。

（二）确定广告预算

所谓广告预算，就是对开展广告活动的所有费用开支进行一个预计，一般来说，包括广告调研费用、广告制作费用、广告媒体费用、广告管理费用及其他杂费。在制定预算时，需要着重考虑以下因素：

1. 产品生命周期所处的阶段。

对于处于试销期的新产品，一般需要大量重复的广告才能建立知名度和争取潜在消费者试用，因而投入的广告费用相对较高。

2. 市场占有率的高低。

要争夺更高的市场占有率，一般意味着需要更多的广告费用投入，另外，广告对于高市场占有率产品的促销成本效应，往往低于低市场占有率的产品。

3. 产品替代性的强弱。

替代性强的产品,需要通过大量的广告宣传来树立有差别的形象,因此广告费用投入一般较大。

4. 竞争与干扰。

在一个有很多竞争者和广告开支很大的市场上,必须依靠强大的广告宣传来减少竞争对手的干扰。在某些行业,如化妆品、饮料等行业,企业大多以广告作为主要促销手段,同类产品的广告既多又密;而在另外一些行业中,如化工、机械等行业,做广告的企业则较少。

在实践中,确定广告预算往往是一件棘手的事情,但是有多种方法来进行决策,例如:

(1) 承受能力法。根据公司的实力来决定广告预算。

(2) 销售额百分比法。根据销售额一定的百分比来制定。

(3) 投资收益法。预测广告投资所能产生的收益决定广告预算。

(4) 竞争平衡法。参考竞争对手的广告费用,一般采用大体相同的预算。

预算的制定方法非常多样化,应该根据实际情况选择适宜的方法,避免盲目。

(三) 选择广告信息

在确立目标之后,要进一步设计广告的内容与表现形式,这一过程也被称为广告创意策划。主要可分为以下三方面内容:信息的采集、信息的评估与选择、信息的表达。

1. 信息的采集。

广告信息的内容直接影响广告促销的效果。营销人员首先必须在各种可供传达的信息中寻找广告主题或广告诉求。信息采集的渠道与方法是多种多样的,策划者可以与消费者交谈、可以与经销商交谈、可以与营销人员交谈、可以与竞争对手交谈,从中搜集素材,经过研究分析,最终提炼出有价值的、适合传播的产品与服务信息。

2. 信息的评估与选择。

在众多可能适合的信息中,策划者还应进一步比较评估,找出最能激发多数消费者需求的信息,即广告主题或广告诉求。信息的选择应把握以下三个标准:

(1) 主题性。指广告概念明确,能全面准确地介绍产品或表现产品形象,激发消费者兴趣,使之产生购买的欲望。

(2) 独特性。广告信息应充分体现本企业产品的特色,特别是与同类产品相比的优势,编排上要新颖奇特,给人留下深刻的印象。

(3) 可信性。广告所传达的信息必须真实可靠,只有客观真实的广告才能增加可信度,使公众乐于接受,才能塑造良好的企业品牌与产品形象。

3. 信息的表达。

光有好的内容是不够的,要使广告收到良好的效果还必须辅以恰当的表达方式。广告信息的表达方式除了受到内容及媒体的限制外,往往还牵涉美学、文学、心理学等方面的专业知识。广告信息的表达应注意图文并茂,引人入胜,要以尽量少的语言表达出核心信息,易懂易记。可以采用一些日常生活中的小片段或通过表现人们的某种生活方式来介绍产品。常用的广告信息表达方式有生活片段、生活方式、科学证明、专门技术气氛或意境、人格化等。

另外,在实际操作中,也可以将广告策划的主要内容概括为5M:

(1) 任务(mission):广告的目的是什么?

(2) 资金(money):要花多少钱?

(3) 信息(message):要传送什么信息?

(4) 媒体(media):使用什么媒体?

(5) 衡量(measurement):如何衡量广告效果?

三、广告媒体策略

凡是在广告宣传中期传播广告信息作用的物质和工具都可以成为广告媒体。广告和广告媒体之间关系密切,广告信息的传播必须借助广告媒体来表达,离开广告媒体,广告就失去了原有的功能和作用。企业营销策划人员必须评估各种主要媒体将信息传送给特定目标沟通对象的能力,以便决定采用何种媒体。

(一) 广告媒体的选择

1. 选择广告媒体应考虑的因素。

(1) 媒体的性质与传播效果。不同的广告媒体有不同的优点和局限性,是选择媒体时首先要考虑的。媒体传播范围不同,发行数量不一,会影响媒体受众人数;媒体社会地位的高低,会影响广告的影响力和可信度等。这些都会在一定程度上影响广告效果。

(2) 商品特性因素。广告产品特性与广告媒体选择密切相关。产品的性质如何、具有什么样的使用价值、质量如何、包装如何以及对媒体传播的要求等,都会对媒体的选择有着直接或间接的影响。

(3) 媒体受众因素。选择广告媒体,要充分考虑媒体受众者的职业、年龄、性别、文化水平、信仰、习惯、社会地位等,因为其生活习惯不同,经常接触的媒体也就不同。

(4) 竞争对手的特点因素。竞争对手的广告媒体的选择情况和广告成本费用情况,对企业的媒体工具选择有着显著影响。例如,选择与竞争对手相同的媒体,用于削弱对方的广告效果,或者采用迂回战术,采用其他媒体渠道。

(5) 广告预算费用。一个广告主所能承担的广告费用的多少,对广告媒体的选择会产生直接的影响。例如,一些效益不佳的中小企业,因广告费用的限制,就很少采用全国性等费用昂贵的广告媒体。

(6) 媒体的成本因素。不同媒体所需的成本也是选择广告媒体的依据因素。不同媒体的成本价格不同。不同版面、不同时间也有不同的收费标准,应该选择投资效应良好的媒体以实现广告投资最大化收益的目标。

(7) 市场范围。通常情况下，媒体受众范围应该与市场范围相匹配。媒体受众范围过大或过小，广告效果都不明显。媒体受众范围过大，容易造成广告过度，也很有可能导致广告缺乏力度。

2. 广告媒体的选择策略。

(1) 按目标市场选择媒体。任何产品都有其特定的目标市场，因此，广告媒体的选择必须对准这个目标市场，使广告宣传的范围和产品的销售范围相一致。

(2) 按产品特性选择媒体。不同的产品有不同的特性，这些特性在广告活动中适用不同的广告媒体。例如，价格便宜的日常消费品，其受众面广泛，通常适宜使用电视媒体进行广告发布；而一些专业性较强、用户较少的产品，可以选择专业杂志、专业报纸等媒体进行广告投放。

(3) 按产品消费者选择媒体。任何产品都有其目标消费者，即特定的使用对象。因此，广告发布渠道的选择应该充分考虑目标消费者的媒体接触习惯，确定深受消费者喜欢的传播媒体。

(4) 按广告预算选择媒体。广告媒体预算的多少决定了在广告发布时能够选择什么样的媒体，广告主对于广告媒体的选择要量力而行，量体裁衣。例如，对于预算充足的广告主，针对产品的具体情况，可以选择一些收视率高的媒体等；而对于广告预算有限的广告主，可以选择一些不是特别抢手的广告时间或空间，或者将一些覆盖面有限的媒体进行巧妙组合，达到整体大面积覆盖的效果。

(二) 主要广告媒体及其特点

广告媒体种类繁多，并各有优缺点，可分为大众广告媒体、小众广告媒体、新兴广告媒体三大类。

1. 大众广告媒体。

大众广告媒体包括了报纸广告、杂志广告、广播广告及电视广告，其优缺点如表 9-3 所示。

表 9-3　　　　　　　　　　大众广告媒体的优缺点

媒体类型	优点	缺点
报纸	传播面广；时间性强；选择性强；印象深刻；简易灵活	有效时间短；注目率低；保存性差；相互传阅者少
杂志	读者集中，针对性强；便于保存，有效期长；印刷精美，表现性强；保存期长，传阅者多	周期性长，灵活性差；受众局限，影响面窄；制作复杂，成本较高；传阅速度慢，发行量有限，版面无法保证
广播	传播速度快；覆盖面广受众多，地理和人口方面选择性强，成本低；具有较高的灵活性	广告信息易逝；创意有局限性；只有声音，无画面感；信息保存率不佳
电视	包括冠名广告、插播广告、植入式广告；形象生动，说服力强；覆盖面广，单位接触成本低；传播迅速，时空性强，影响力高；直观真实，综合视觉听觉与动作，富有感染力，理解度高	信息短暂，转瞬即逝；容量小，广告费用高；干扰多，观众选择性少

2. 小众广告媒体。

小众广告媒体主要包括了户外广告、售点广告、直邮广告、交通运输广告等。

(1) 户外广告（out door，OD）。户外广告指的是露天的各种广告物。它主要包括路牌、霓虹灯、旗帜、招贴、灯箱、液晶显示屏等几种类型。

(2) 售点广告（point of purchase，POP）。售点广告是指零售点或销售现场广告。POP广告围绕销售点现场内外的各种设施做媒体，有明确的诱导动机，旨在吸引消费者，唤起消费者的购买欲，具有无声却十分直观的推销效力。它可以直接影响销售业绩，是完成购买阶段任务的主要推销工具。

售点广告的类型包括了：

①电子类媒体，指借助于现代电子、声学等技术制作的，使销售点广告由传统的静态、固定、较消极的表现方式，走向动态、积极的表现方式的媒体，如：电子显示屏、超大型LED、闭路电视、广播等。

②印刷类媒体，如采用印刷工艺的含有文字和图画的海报、PVC展板、手写POP、各种产品手册、宣传折页、传单、旗帜、横幅等。

③实物类媒体，如若干商品形成的地堆、单个商品拆分故意露出内在部分、模特秀、龙门拱、空中舞人、商品模型等。

(3) 直邮广告（direct mail，DM）。美国广告函件协会对直邮广告下的定义是："对广告主所选定之对象，将印就的印刷品用邮寄方法传达广告主所需要传达的信息的一种手段"。直邮广告会按照事先制定的计划，利用消费者资料库将推销信息直接传播给目标受众。直邮广告的类型包括了：

①商业信函。商业信函广告是指企业有针对性地选择目标客户群，以信函的方式寄发各种产品和服务信息资料的活动过程。商业信函包括：各类产品目录、征订单、宣传单、招商函、明信片、产品说明书、光盘、会议邀请函等。

②邮送广告。邮送广告是由商业信函广告演变而来的，只不过邮局改变了在其中扮演的角色，邮送广告的运作主体是邮局本身，邮局撇开了企业的参与，通过强大的邮政网络传递商业信息。具体方式有：随递送的报纸夹送（可多种报纸同时夹送），通过住宅小区的邮政信报箱进行投递或入户派送；沿街门面派送；通过邮政的行业名址信息库邮发商业信函等。

③新兴的直邮广告类广告。新兴的直邮广告主要有：第一，手机短信广告，利用手机短信进行"点对点"或"点对多"的广告发送，确保"一对一"传递信息。第二，电子邮件广告，从收集的客户资料中，筛选出目标受众，通过电子邮件、专题网页进行点对多广告发送或投放，寄发电子杂志、产品信息、会议（展会、交流会、推介会）、通知、邀请函、免费试用品等。

(4) 交通运输广告。交通广告的主要受众是处于出行过程中的人群，是一种极为常见的流动广告媒体。交通广告的类型包括了：

①交通工具广告。人们出行过程中依赖的交通工具有很多，如公共汽车、出租车、货车、火车、地铁、飞机、船舶以及其他各种车辆。而这些交通工具本身就是很好的信息载体，车身内表、车身外表以及车身内部空间都可以是各种信息的附着点，当出

行者被封闭在交通工具内部时,信息更容易吸引受众的注意力。现在,电子数字产品也武装了交通工具的内部空间,形式新颖,可以播出流动的广告信息,信息更换也比较容易。

②场站设施广告。场站设施涵盖面较广,如公共汽车站、地铁站、港口、码头、火车站、飞机场等,表现形式几乎包含了所有户外广告的形式,当然也有其自身的特点。

小众广告媒体的优缺点如表9-4所示。

表9-4　　　　　　　　　　　小众广告媒体的优缺点

媒体类型	优点	缺点
户外广告	接触频度高;醒目,容易建立知名度;保存时间久,效率高	内容简单,无法描述复杂产品;无法选择广告对象;宣传范围有限;容易损坏;效果评估困难
售点广告	直接面对消费者,针对性强;能够替商家招徕顾客,创造购物氛围,营销造势效果明显,体现企业形象	接触面局限于现场;受时间限制;干扰因素多,易被竞争者仿效
直邮广告	诉求直接,针对性强;效果易评估;具有较强的灵活性	传播范围较窄,受众人均覆盖成本较高
交通运输广告	传播效果较好;制作相对简单;成本相对较低	容量小;广告印象不易保留;传播范围具有局限性

3. 新兴广告媒体。

随着数字技术、计算机、互联网和多媒体等信息传播技术的推广和发展,广告媒介以越来越快的速度实现更新换代,引发了一次意义深远的信息传播革命,对传统媒介形成了巨大冲击。新兴传播媒体主要包括网络媒体、游戏媒体、楼宇媒体、手机媒体等。

(1) 网络媒体。网络媒体是指在互联网站点上发布的以数字代码为载体的经营性广告。其优点是传播范围极广,具有较强的感官性、交互性和针对性,受众数量可准确统计,实时灵活、成本低;缺点是接触率低。

(2) 游戏媒体。网络游戏虚拟广告的受众群体相对集中在16~35岁,这部分群体在数码产品、快速消费品、服装等方面具有相当强的消费能力。游戏媒体的主要特点是:受众集中度高,针对性强;地域性强,便于灵活、高效地投放广告;到达率高,传播效果较理想;便于互动推广营销。

(3) 楼宇媒体。楼宇媒体是针对高层建筑人口密度高、群体特征明显以及干扰因素少等特点,逐渐被挖掘出来的一种价值媒体。高层建筑主要是指两种:商业楼宇和社区公寓。媒体集中分布在三个方面:电梯广告媒体、楼梯间及地下停车场等,表现形式有海报、框架、液晶显示屏等。楼宇电视等新兴媒体目前的投放热点包括了银行理财产品、体育赛事广告、旅游产品、通信产品等。商务楼宇联播网广告的特点主要是针对性、强迫性、反复性、装饰性、公益性等。

（4）手机媒体。手机媒体是以手机为视听终端、手机上网为平台的个性化即时信息传播载体。它是以分众为传播目标，以定向为传播目的，以即时为传播效果，以互动为传播应用的大众传播媒介，又称为移动网络媒体，可以提供手机报、音频广播、视频电影、手机电视及小说等多种形式。手机媒体的特点是多媒体融合，传播速度快、范围广，互动性强，传播效果强大。

 扩展阅读

"鹅式营销"让广告亦是陪伴

作为中国领先的在线视频平台，拥有5亿在线用户的腾讯视频尝试了大量的创新型"鹅式营销法"，即腾讯视频为广告主提供的视频投放一站式解决方案。其核心价值在于腾讯视频所拥有的优质IP内容，然后围绕IP内容挖掘营销点，开发设计相应的广告产品。其创新理念是在不破坏IP价值的前提下，充分融合IP经典元素，如剧情、台词、角色甚至播放量成绩等，进行搭载或融入式借势，为金主品牌提供全方位的传播策略。"鹅式营销法"不仅为广告主提供了更优质的投放标的，也为广告主的营销诉求点量身打造了更具个性化和契合度的广告产品；同时，通过营销侧和权益侧的双重出击，将IP营销做到极致，从根源上提高广告主视频营销的投入产出比，形成了一站式解决方案。一些首次尝试的商业元素不仅让广告主大开眼界，且在可互动、可社交，甚至可支付的互联网平台中将IP实实在在转化成购买力，这对于热衷于网购、时尚消费的年轻观剧人群来说，具有极大的契合度。这场"鹅式营销"击中他们的是融入剧情且"带感"的精巧创意。

观众对创意中插广告并不陌生，在腾讯视频2018年热播剧《鬼吹灯之精绝古城》《如果蜗牛有爱情》中都有出现，被称为"蛋黄广告"，它是指由腾讯视频独家包装的创意中插广告，属于腾讯视频"鹅式营销"系列里的一员。"蛋黄广告"打破了常规广告形态，将广告与剧情相结合，以独立小剧场的形式出现在剧中。以最具脑洞代表性的"必胜客"定制系列为例，在《鬼吹灯之精绝古城》中，只见寻宝探险小分队正行走在沙漠中，炎炎烈日茫茫沙海，队员们突然支撑不住摔倒在沙堆儿上，其中一位队员开始幻想一顿丰盛的早餐，这正是必胜客在《鬼吹灯》中投放的"蛋黄广告"，这期主打亮点是："一起分享"，与剧情衔接完美，彼此呼应。此外，"蛋黄广告"可以做到每期亮点都不同，同时又能具有一定的连续性。紧接着，必胜客在最新几集中，相继推出了"梦想可以有""滋滋牛排篇""新年玩大的"等差异性连续蛋黄广告，大开脑洞的同时，每次都命中主题，辅以幽默的表现手法和捧腹喷饭的剧情，令人拍案称奇。"蛋黄广告"通过诚意十足的制作质量和高品质的定制化内容，根据产品本身特点，在尊重IP的基础上进行了内容延伸，形成了具有品牌特点调性的差异化内容。营养、软性的植入内容不仅符合网友的调性易于接受，更让观众产生一种代入感拉近了品牌与用户的距离。

除了蛋黄广告之外，腾讯视频还有更多更富有创意与趣味的广告产品，例如，"鹅蛋广告"（鹅蛋广告是由腾讯视频独创的插播于正片结尾处的"彩蛋广告"，因为是"鹅厂出品"的彩蛋广告，简称"鹅蛋广告"）也出现在了《鬼吹灯》中，以彩蛋形式出现在片尾与片尾曲之间——"没看够？买个 kindle 看全集呗！"，应景又即时，恰当的植入不仅可以诠释品牌的信息，融入 IP 的差异化定制广告内容更是突出了产品的特点，还附带二维码直接进行流量转化，从观看到一键购买，不仅顺应了用户的边看边买的逻辑，更为广告主提供了闭环营销的机会。至于区别于一般贴片广告的"如意贴"广告，腾讯视频更是将其玩得出神入化，时刻以调皮旁白的方式跳出来响应剧情。品牌露出与剧情内容联动，给观众留下了深刻的印象的同时更拉近了品牌与用户的距离，让用户参与了互动。"如意贴"+"蛋黄广告"+"鹅蛋广告"，三大主力创意产品分别针对正片剧情、创意中插播以及片尾彩蛋，形成三级火箭式传播，利用经典 IP 内容的不同亮点延伸展开，打造出一个又一个经典案例。

在热播剧集《扶摇》中，"鹅式营销"再添新——明星播报由明星口播介绍品牌信息，出现在剧集片头。此种广告形式，通过"IP 效应"+"明星效应"+"品牌效应"，三位一体，使广告效果得到最大化。《扶摇》中的明星播报几乎被唯品会承包，每集开头"唯品会邀您一起看《扶摇》"，拟人化处理方式拉近了观众与品牌的距离。紧接着利用剧中明星演员播报广告词，用"短平快"方式强势占领用户心智，加深品牌记忆。由于明星播报出现在剧集开头，这个阶段观众的注意力往往最集中，而且不容易被跳过，对于品牌而言，是剧集中优质的广告位。"下载唯品会 App，买遍全球正品好货"的广告语出现在每集中，高频次的曝光能够强化唯品会的品牌形象，给观众留下更深刻印象。同时，明星播报的意义还在于明星对品牌的传播价值，使内容+品牌+明星效应得到最大化释放，进而提升广告效果。可以预见，在注意力如此稀缺的时代，明星播报这种广告形式以短小简洁、"吸睛"效果好等优点将成为广告主的新宠，成为营销界的又一黑马。

如果仅仅在 IP 播放的火力范围内进行传播，毕竟还是会有盲点存在，腾讯视频对此的解决方案是：通过 IP 绑定广告主品牌进行二次传播，进行补点式营销，尽最大限度提高营销投放的覆盖面和投入产出比。例如，对于关注剧情的粉丝来说，预告是必不可少的，因此，预告类内容在用户当中具有很高的关注度。腾讯视频洞察到用户的此类特殊需求，绑定了广告主品牌进行共同传播；此外，播放量"报捷海报"可能是诸多视频平台都有的营销动作，但是，一般的榜单只在于传播 IP 品牌或平台品牌，很少有平台会想到把"地盘"借给广告主用一用。腾讯视频不仅在广告产品上大开脑洞，更在广告主权益传播中敞开胸怀，将自身品牌、IP 品牌与广告主品牌进行绑定传播，一举三得。

资料来源：互联网运营观察：腾讯视频鹅式营销解析［EB/OL］.https：//www.sohu.com/a/124797336_274982.

四、广告效果评估

广告效果是一个相当复杂而又难以估计的问题。一般来说，广告主应进行综合比较，选择信息表现和传达效果最佳的媒体。

在对一个具体的广告媒体进行评价时，经常用到的评价指标有以下几项：

（一）视听率

视听率是指接收某一特定电视节目或广播节目的人数（或家庭数）的百分比。

（二）毛评点

毛评点又称"毛感点""总视听率"，是指广告通过有关媒体传播所获得的总效果，是各次广告传播触及人数比例的总和。

（三）视听众暴露度

视听众暴露度是指在某一特定时期内收听、收看某一媒体或某一媒体特定节目的人数（户数）总和，实际上是毛评点的绝对值。

（四）到达率

到达率是表示在一定时期内，不同的人（或户）接触某一媒体刊播的广告的比例，可用百分数表示。

（五）暴露频次

暴露频次是指在一定时期内，每个人（或户）接收到同一广告信息的平均次数。

（六）每千人成本

每千人成本是指广告信息到达1000个人或户平均所付出的费用成本。

（七）有效到达率

有效到达率又称有效暴露频次，是指在特定广告暴露频次范围内，有多少媒体受众知道该广告信息并了解其内容。

第三节 人员推销策略

一、人员推销的概念

人员推销是指通过销售人员深入中间商或消费者进行直接宣传介绍活动，使消费者或中间商采取购买行为的促销方式。它是人类最古老的促销方式。在商品经济高度发达的现代社会，人员推销这种古老的形式更焕发了青春，成为现代社会最重要的一种促销形式。

一般而言，人员推销的基本要素为推销员、推销产品、推销对象。人员推销是一种具有很强人性因素的、独特的促销手段。它具备许多有别于其他促销手段的特点，可完成许多其他促销手段所无法实现的目标，其效果是极其显著的。相对而言，人员推销较适用于性能复杂的产品。当销售活动需要更多地解决问题和说服工作时，人员推销是最佳选择。说服和解释能力在人员推销活动中尤为重要，它会直接影响推销效果。

二、人员推销的基本形式

（一）上门推销

上门推销是最常见的人员推销形式。它是由推销人员携带产品样品说明书和订单等走访顾客，推销产品。这种推销形式可以针对顾客的需要提供有效的服务，方便顾客，故为顾客广泛认可和接受。此种形式是一种积极主动的、名副其实的"正宗"推销形式。

（二）柜台推销

又称门市推销，是指企业在适当地点设置固定门市，由营业员接待进入门市的顾客，推销产品。门市的营业员是广义的推销员。柜台推销与上门推销正好相反，它是等客上门的推销方式。由于门市里的产品种类齐全，能满足顾客多方面的购买要求为顾客提供较多的购买便利，并且可以保证产品完好无损，故顾客比较乐于接受这种方式。柜台推销适合于零星小商品、贵重商品和容易损坏的商品。

（三）会议推销

会议推销是指利用各种会议向与会人员宣传和介绍产品，进行推销活动。譬如，在订货会、交易会、展览会、物资交流会等会议上推销产品。这种推销形式接触面广、推销集中，可以同时向多个推销对象推销产品，成交额较大，推销效果较好。

三、人员推销的类型

人员推销的种类繁多，形式各异，将其归类后，有以下五种类型：

（一）生产厂家的人员推销

即生产厂家雇佣推销员向中间商或其他厂家推销产品。日用消费品生产厂家的推销员往往将中间商作为他们的推销对象；而工业品生产厂家的推销员则将把他们的产品作为生产资料的其他生产厂家作为推销对象。

（二）批发商人员推销

雇佣成百上千名推销员在指定区域向零售商推销产品。零售商也常常依靠这些推销员来对商店的货物需求、货源、进货量和库存量等进行评估。

（三）零售店人员推销

这类推销往往是顾客上门，而不是推销员拜访顾客。

（四）直接针对消费者的人员推销

这类推销在零售推销中所占比重不大，是推销力量中的一个重要部分，有其特殊优点和作用。

（五）对无形产品的推销

主要指对保险、银行、旅游、服务业等的人员推销，还包括对不动产、房地产等的人员推销。对这类推销员的要求很高，他们要通晓法律等各方面知识，甚至需要通过必要的考试。

四、人员推销的工作步骤

不同的推销方式可能会有不同的推销工作步骤。通常情况下，人员推销一般包括以下七个相互关联又有一定独立性的工作步骤。

（一）寻找顾客

寻找顾客是推销工作的第一步。寻找潜在顾客有很多途径，可以通过现有顾客的介绍，以及其他销售人员介绍、寻找工商名录、电话号码簿等寻找潜在顾客。

（二）事前准备

在走出去推销之前，推销人员必须知己知彼，掌握三方面的知识。

1. 产品知识。

关于本企业、本企业产品的特点、用途、功能等各方面的情况。

2. 顾客知识。

包括潜在顾客的个人情况，所在企业的情况，具体用户的生产、技术、资金情况，用户的需要以及购买决策者的性格特点等。

3. 竞争者知识。

竞争者的能力、地位和它们的产品特点。同时，还要准备好样品、说明材料，选定接近顾客的方式、访问时间、应变语言等。

（三）接近

即开始登门访问，与潜在客户开始面对面交谈。这一阶段推销员要注意：

（1）给顾客一个好印象，并引起顾客的注意。穿着、举止、言谈、自信而友好的态度都是必不可少的。

（2）验证在准备阶段所准备的全部情况。

（3）为后面的谈话做好准备。

在接近时，注意使自己有一个正确的心态：友好、自信。友好：自己与对方是进行利益交换，是互惠互利的交换。自信：自己不是低人一等求别人，企业产品是能经得起考验的。

（四）介绍

这是推销过程中的重要一步。任何产品都可以也必须用某种方法进行介绍，即使那些无形产品（如保险、金融、投资业务），也可以采用图形、坐标图、小册子等形式加以说明。介绍要注意通过顾客的视、听、触摸等感受向顾客传递信息，其中视觉是最重要的。在介绍产品时，要特别注意说明该产品可能给顾客带来的利益，要注意倾听对方的发言，以判断顾客的真实意图。

（五）推销障碍处理

推销障碍指顾客提出的有关产品或服务等推销内容的不同意见和看法。推销人员应欢迎顾客提出异议，并相信能够解决异议。努力防患于未然，事先解决可能的异议，消除顾客的各种不满意感。说服顾客同意或接受自己的观点，促使顾客最终购买企业的产品和劳务。

（六）达成交易

即推销人员要求对方采取行动，属于订货购买阶段。有经验的推销人员认为，接近和成交是推销过程中两个最困难的步骤，在洽谈、协商过程中，推销人员要随时给予对方能够成交的机会。有些买主不需要全面的介绍，介绍过程中如发现顾客表现出愿意购买的意图，应立即抓住时机成交。在这个阶段，推销人员还可以提供一些优惠条件，以尽快促进交易。

（七）售后追踪

达成交易不是推销的结束，而是下一轮推销的起点。如果推销人员希望顾客满意并重复购买，希望他们传播企业的好名声，则必须坚持售后追踪。售后追踪、访问调查的直接目的是了解顾客是否满意已购买的产品，发现可能产生的各种问题，表示推销人员的诚意和关心。另外一个重要的目的，是促使顾客传播企业及产品的好名声，听取顾客的改进建议。

五、人员推销策划的程序与内容

（一）调查与分析

在开展推销策划前首先要对企业所处的营销环境与企业的营销现状有全面的了解，分析市场需求与竞争态势，分析目标消费者的购买心理与行为。

（二）确定推销任务与目标

在调查与分析的基础上，企业应进一步明确自身的推销任务，如开拓新客户、客户维护、客户销售、客户服务，明确推销产品与推销对象，确定推销的目标。一般推销目标的制定应明确、具体，包括客户目标、销售目标、推广目标等。具体而言，人员推销的任务主要包括：

1. 挖掘和培养新顾客。

销售人员的首要任务是不间断地寻找企业的新顾客，包括寻找潜在顾客和吸引竞争者的顾客，积聚更多的顾客资源，这是企业市场开拓的基础。

2. 培育企业忠实顾客。

销售人员应该通过努力与老顾客建立莫逆之交的关系，使企业始终拥有一批忠实顾客，这是企业市场稳定的基石。

3. 提供服务。

销售人员应该为顾客提供咨询、技术指导、迅速安全交货、售后回访、售后系列服务等任务，以服务来赢得顾客的信任。

4. 沟通信息。

销售人员应该熟练地传递企业的各种信息，说服、劝导顾客购买本企业产品。在信息传递的过程中，关注顾客对企业产品的信息反馈，主动听取顾客对产品、企业的意见和建议。

5. 产品销售。

销售人员努力的最终成果，应该是源源不断地给企业带来订货单，把企业产品销售出去，实现企业的销售目标。

（三）选择推销方式与策略

常见的推销方式有上门推销、柜台推销和会议推销。这里不再赘述。下面主要介绍常见的推销策略，包括试探性策略、针对性策略和诱导性策略。

1. 试探性策略。

试探性策略亦称刺激－反应策略。指推销人员在事先尚不了解顾客需求的情况下，同顾客进行试探性接触，了解其具体要求，根据顾客的反应，采取一定的方法激发购买欲，产生购买行为的商品促销策略。

2. 针对性策略。

针对性策略亦称配合－成交策略。这种策略的特点，是事先基本了解客户某些方面的需要，然后有针对性地进行说服，引起客户共鸣时，就有可能促成交易。

3. 诱导性策略。

诱导性策略也称诱发－满足策略。这是一种创造性推销，推销人员通过与顾客交谈，从顾客的角度分析产品能给顾客带来的效用，诱导顾客对产品产生兴趣并进行购买的商品促销策略。这种策略要求推销人员有较高的推销技术，在"不知不觉"中成交。

（四）组建推销队伍

接下来企业就应围绕推销目标组建推销队伍。首先，要确定推销人员的组织结构，一般按地理区域、产品、目标市场来设置推销机构，也可以将这几种方式混合使用；其次，要确定推销人员的数量，推销人员的数量一般与销售人员的素质、销售目标直接相关。通常，推销队伍的组织结构有以下四种：

1. 按地区划分的组织结构。

即按地理区域配备推销人员，设置销售机构，推销人员在规定的区域负责销售企业的各种产品。优点是责任明确、有助于与顾客建立牢固的关系，可以节省推销费用。适用于产品组合关系性较强、产品的市场需求类似性的企业。

2. 按产品划分的组织结构。

即按产品线配备推销人员，设置销售机构，每组推销人员负责一条产品线，在所有地区市场的销售。这种结构的好处是能使推销员熟悉其推销的商品，有利于加强推销时的顾客服务，扩大顾客群，适合产品技术性强、生产工艺复杂、产品品种多的企业。

3. 按顾客类别划分的组织结构。

即按某种标准（如行业、客户规模）把顾客分类，再据此配备推销人员，设置销售结构。优点是能满足不同用户需求，提高推销成功率。缺点是推销费用增加和难以覆盖更广市场。这种推销结构形式只适合产品销售范围较小、用户比较集中、用户规模较大、分销渠道比较稳定的企业。如果同类顾客的地理位置过于分散，采用这种结构费用会较大，销售成本也就会高。

4. 复合式组织结构。

即将上述三种结构结合起来，或按区域－产品，或按区域－顾客，或按区域－产品－顾客来组建销售机构或分配推销人员。通常当大企业拥有多种产品且销售区域相当广阔时，适宜采取这种结构。复合式推销结构的好处是能发挥推销人员的知识才能，调动起积极性；推销人员能从企业整体营销出发，开展营销活动，有利于扩大销售；推销人员能在某地区或某一单位解决诸多商品推销，节省推销费用。此结构适宜于顾客类别复杂而分散的企业，其存在的问题是不同部门配合不好时，会直接影响推销的效果。

（五）制定行动方案

即推销活动的具体实施细则，如时间表、预算、预计效果等。此外，一些细节性的如推销宣传品（产品目录、价目单、订单等）的印制、推销人员的选择、培训与管理，也是其中的重要组成部分。

六、人员推销的素质要求

人员推销是一个综合的复杂的过程。它既是信息沟通过程，也是商品交换过程，又是技术服务过程。推销人员的素质，决定了人员推销活动的成败。推销人员一般应具备如下素质。

（一）态度热忱，勇于进取

推销人员是企业的代表，有为企业推销产品的职责；同时又是顾客的顾问，有为顾客的购买活动当好参谋的义务。企业促销和顾客购买都离不开推销人员。因此，推销人员要具有高度的责任心和使命感，热爱本职工作，不辞辛苦，任劳任怨，敢于探索，积极进取，耐心服务，同顾客建立友谊，这样才能使推销工作获得成功。

（二）求知欲强，知识广博

广博的知识是推销人员做好推销工作的前提条件。较高素质的推销员必须有较强的上进心和求知欲，乐于学习各种必备的知识。一般说来，推销员应具备的知识包括以下几个方面：

1. 企业知识。

要熟悉企业的历史及现状，包括本企业的规模及在同行中的地位、企业的经营特点、经营方针、服务项目、定价方法、交货方式、付款条件和保管方法等；还要了解企业的发展方向。

2. 产品知识。

要知晓产品的性能、用途、价格、使用知识、保养方法，换代产品比原产品新增功能和利益以及竞争者的产品情况等。

3. 市场知识。

要了解目标市场的供求状况及竞争者的相关情况，熟悉目标市场的环境，包括国家的有关政策、条例等。

4. 心理学知识。

了解并适时地运用心理学知识来研究顾客的心理变化和要求，以便采取相应的方法和技巧。

5. 财务知识。

推销人员了解财务知识是保证销售收入顺利回收的重要前提。此外，推销人员还应了解政策法规的最新变化及影响等。

（三）文明礼貌，善于表达

在人员推销活动中，推销人员推销产品的同时也是在推销自己。这就要求推销人员要注意推销礼仪，讲究文明礼貌，仪表端庄，热情待人，举止适度，谦恭有礼，谈吐文雅，口齿伶俐，在说明主题的前提下，语言要诙谐、幽默，从而给顾客留下良好的印象，为推销获得成功创造条件。

（四）富于应变，技巧娴熟

市场环境因素多样且复杂，市场状况很不平稳。为实现促销目标，推销人员应具有娴熟的推销技巧，能对变化万千的市场环境采用恰当的推销技巧。推销人员要能准确地了解顾客的有关情况，能为顾客着想，尽可能地解答顾客的疑难问题，并能恰当地选定推销对象；要善于说服顾客（对不同的顾客采取不同的技巧）；要善于选择适当的洽谈时机，掌握良好的成交机会；并要善于把握易被他人忽视或不易发现的推销机会。

 扩展阅读

网红直播销售　有诚信才有未来

2016 年，网红和直播红极一时，被认为是直播元年。有统计数据表明，国内大概有 200 多个直播平台，内容涵盖游戏、体育赛事、生活类等，基本可以涵盖生活的大部分内容。除了 PC 端的秀场直播，还有不少人进行移动端的直播。网络直播持续火爆，全民直播成为一种现象。

2018 年，缘于监管趋严及同质化严重等，直播江湖开始大洗牌。同时，在秀场直播中，一些主播并无太多才艺，动辄几小时的直播需要观众有大量的时间去观看。短视频的兴起，适应了快节奏生活的部分人群，直播平台的用户一定程度上被分流。

近年来，社交化方式带货渐成趋势，仅依靠图文已无法再吸引伴随着互联网发展成长起来的"90 后""00 后"群体。不仅在线上展示，还可以与用户实时互动，直播带货的优势凸显。近年来，淘宝、京东等互联网巨头纷纷进入直播这一领域。与娱乐秀场型直播相比，电商直播没有打赏功能，商品销量是最关键的指标，也更加注重主播专业知识的沉淀和人格化的塑造。电商直播的深度发展正在改变大众的消费习惯，越来越多的销售商通过电商直播平台，与消费者之间构筑起情感联结。淘宝最新数据显示，直播已成为手机淘宝用户互动、增长最快的功能之一，直接带动了淘宝上亿名用户的增长。同时，5G 技术的不断发展使得直播必然成为其中一个很重要的载体，直播垂直化是一个巨大的方向，是未来发展的必然趋势。

2019 年，通过淘宝 App、天猫 App 等参加"双十一"的用户超过 5 亿，淘宝直播首次成为今年"双十一"的主流消费方式。在新消费的机遇下,新的消费人口、新的消费场景和行为也将构筑一个新的"双十一"。饱受诟病的电视购物终究被市场淘汰了,而如今,网络直播销售正火热兴起,这一模式能否持续发展,关键在于能否守好信用这道门槛。

来自浙江省市场监管部门的投诉调查显示,仅2018年上半年受理的网购投诉中就有近1/6与网红经济相关。主要反映的问题有直播内容夸大宣传、质量问题、商标侵权、成交量作假等。从消费者维权角度看,鲜有消费者会事先录像取证,同时很多网红所推销的商品追溯困难,异地维权成本较高。

随着2019年1月1日《电子商务法》的实施将电商纳入法律监管范畴,也让电商直播有法可依,能够在法律的框架下有序运行。

有专家表示,网红在带货这一环节中,是作为广告代言人的角色存在的。他们的推广行为或者带货行为应该视作一种受到法律约束的信息传播活动。直播卖货的主播有经营行为,此类主播应有相关资质。网红主播如果对消费者进行了虚假、夸大宣传等,应承担相应的民事责任,接受行政处罚。

此外,相关主体的责任也应类型化,如广告主、主播、平台等都应将各方的责任明确,并严格执行。监管部门应完善直播销售这一模式的诚信评价机制,将粉丝评价、举报计入诚信评价系统中,将违法情节严重、污点信息较多的销售主播列入黑名单内,取消其直播带货资格。通过不断完善的监管机制,共同维护消费者的知情权、选择权与监督权。

资料来源:人民时评:网红经济,诚信方有未来[EB/OL]. http://theory.people.com.cn/n1/2019/1025/c40531-31419442.html。

七、人员推销的甄选与培训

对当选的推销人员,还需经过培训才能上岗,使他们学习和掌握有关知识与技能。同时,每隔一段时间,还要对在岗推销人员进行培训,使其了解企业的新产品、新的经营计划和新的市场营销策略,进一步提高适岗能力。培训内容通常包括企业知识、产品知识、市场知识、心理学知识和政策法规知识等内容。

培训推销人员的方法很多,常用的方法有三种:一是讲授培训。这是一种课堂教学培训方法。一般是通过举办短期培训班或进修班等形式,由专家、教授和有丰富推销经验的优秀推销员来讲授基础理论和专业知识,介绍推销方法和技巧。二是模拟培训。它是受训人员亲自参与的有一定真实感的培训方法。具体做法是,由受训人员扮演推销人员向由专家教授或有经验的优秀推销员扮演的顾客进行推销,或由受训人员分析推销实例等。三是实践培训。实际上,这是一种岗位练兵。当选的推销人员直接上岗,与有经验的推销人员建立师徒关系,通过"传帮带",使受训人员逐渐熟悉业务,成为合格的推销人员。

第四节 公共关系策略

一、公共关系策略概述

（一）公共关系策略的含义

公共关系（public relation），简称公关，包括了用来推广或保护一个企业形象及其品牌产品的各种计划。也就是说，公共关系是指企业在从事市场营销活动中正确处理企业与社会公众的关系，以便树立品牌及企业的良好形象，从而促进产品销售的一种活动，它不是广告，不支付费用，也不能控制媒体报道内容。其关注的是企业及品牌形象，目的是为企业营造对企业及品牌信任的公共环境，而不是为具体的企业产品或服务创造需求。

所谓公共关系策略，是指公关人员通过对公众进行系统分析，利用已经掌握的知识和手段对公关活动的整体战略和策略运筹规划，是对于提出公关决策、实施公关决策、检验公关决策的全过程做预先的考虑和设想。这个定义包括如下几层含义：

（1）公共关系策划工作是公关人员的工作，是由公关人员来完成的。
（2）公共关系策划是为组织目标服务的。
（3）公共关系策划是建立在公关调研基础上的，既非凭空产生，也不能囊括所有公关活动。
（4）公共关系策划包括谋略、计划和设计三个方面的工作。

（二）公共关系策略的特征

1. 目的性。

公关策划要有明确的目的，不可无的放矢，目标越明确、越清晰，策划就越容易，整体目标就越容易实现。要想明确目标，首先要调查研究，在调查研究过程中发现和确定目标后，才能确立公关目标。

2. 整体性。

公关策划本身是一项花费大量人力、财力的系统工程。在策划时，既要考虑社会利益，又要考虑企业利益；既要考虑近期效益，又要考虑长远利益；既要考虑战术，又要考虑战略；既要考虑局部利益，又要考虑整体利益。因此，在公关策划时，必须深谋远虑、综观全局。

3. 创新性。

创新是公关策划的灵魂，公关策划离不开创造性的思维，策划人员应在认真总结前人经验与教训的基础上"古为今用""洋为中用"，不为前人所限，体现时代精神，敢于开拓和创新，充分发挥想象力，根据本国国情和公众习惯，设计出新颖独特、别具一格的方案。

4. 可行性。

营销策划人员在策划过程中，既要考虑外部环境，也要根据企业的内部条件，以本企业的实际情况为依据，以企业的经济实力为依托，以自己掌握的信息和情报为导向，来确定策划方案，确立竞争对手。策划的方案必须有可操作性，才能据此方案有效地开展公关活动。如果不考虑经济实力，策划出的方案再好，但因成本太高导致企业无力承担，计划也只能搁浅，成为中看不中用的方案，浪费人力与财力。

5. 灵活性。

世界上任何事物都处于不断变化的状态中，变是绝对的，不变是相对的。环境变了，公关的策略也要随之变化，切不可认为计划周密，就不顾外界环境的变化。一个好的策划方案，应在战略上保证既定目标的同时，在战术上也有一定的弹性。根据变化了的情况适时调整策划方案，以达到比预定目标更好的效果。

（三）公关关系策略的原则

在进行公关策划时应该坚持以下原则：

1. 求实原则。

实事求是是公关策划的一条基本原则。公关策划必须建立在对事实的真实把握基础上，以诚恳的态度向公众如实传递信息，并根据实时的变化来不断调整策划的策略和时机。

2. 系统原则。

在公关策划中，应将公关活动作为一个系统工程来认识，按照系统的观点和方法予以谋划统筹。

3. 创新原则。

公关策划必须打破传统、刻意求新、别出心裁，使公关活动生动有趣，从而给公众留下深刻而美好的印象。

4. 弹性原则。

公关活动涉及的不可控因素很多，任何人都难以把握，留有余地才能进退自如。

5. 伦理道德原则。

该原则的核心是加强策划公关活动及从业人员行为的道德要求。

6. 心理原则。

要运用心理学的一般原理及其在公关中的应用，正确把握公众心理，按公众的心理活动规律，因势利导。

7. 效益原则。

要以较少的公关费用，去取得更好的公关效果。

（四）公共关系策略的目标

1. 树立企业形象。

帮助企业建立起良好的内部和外部形象。首先从企业内部做起，使员工具有很强的凝聚力和向心力。此外，加强企业的对外透明度，利用各种手段向外传播信息，赢得公众的理解、信任、合作与支持。

2. 建立信息网络。

公共关系是企业收集信息、实现反馈以帮助决策的重要渠道。由于外部环境在不断地发展，企业如果不及时掌握市场信息，就会丧失优势。公共关系策划可以使企业及时收集信息，对环境的变化保持高度的敏感性，为企业决策提供可靠的依据。

3. 处理公共关系。

在现代社会环境中，企业不是孤立存在的，不可能离开社会去实现企业的经营目标，公共关系活动正是维持和协调企业与内外公众关系的最有效的手段。企业与内外公众关系的协调主要有三个方面：一是协调领导者与企业职工之间的关系；二是协调企业内部各职能部门之间的关系；三是协调企业与外界公众的关系。

4. 消除公众误解。

任何企业在发展过程中都可能出现某些失误。而失误往往是一个转折点，处理不妥，就可能导致满盘皆输。因此，企业平时要有应急准备，一旦与公众发生纠纷，要尽快掌握事实真相，及时做好调解工作。

5. 分析预测。

及时分析监测社会环境的变化，其中包括政策、法令的变化，社会舆论、公众志趣、自然环境、市场动态等的变化。向企业预报有重大影响的近期或远期发展趋势；预测企业重大行动计划可能遇到的社会反应等。

（五）公共关系策略的主要方式

1. 宣传性公关。

宣传性公关是运用报纸、杂志、广播、电视等各种传播媒介，采用撰写新闻稿、演讲稿等形式，向社会各界传播企业有关信息，以形成有利于企业形象的社会舆论，创造良好气氛的活动。这种方式传播面广，对推广企业形象效果较好。

2. 征询性公关。

这种公关方式主要是通过开办各种咨询业务、制定调查问卷、进行民意测验、设立热线电话、聘请兼职信息人员、举办信息交流会等各种形式，连续不断地努力，逐步形成效果良好的信息网络，再将获取的信息进行分析研究，为经营管理决策提供依据，为社会公众服务。

3. 交际性公关。

这种方式是通过语言、文字的沟通，巩固传播效果。可采用宴会、座谈会、招待会、谈判、专访、慰问、电话、信函等形式。交际性公关具有直接、灵活、亲密、富有人情味等特点，能深化交往层次。

4. 服务性公关。

就是通过各种实惠性服务，以行动去获取公众的了解、信任和好评，以实现既有利于促销又有利于树立和维护企业形象与声誉的活动。企业可以以各种方式为公众提供服务，如消费指导、消费培训、免费修理等。

5. 赞助性公关。

是通过赞助文化、教育、体育、卫生等事业，支持社区福利事业，参与国家、社区重大社会活动等形式来塑造品牌及企业的良好形象，提高品牌及企业的社会知名度和美誉度的活动。这种公关方式，公益性强，影响力大，但成本较高。企业的赞助活动可以是独家赞助（或称单一品牌赞助），也可以是联合赞助。

 扩展阅读

Burger Queen揭晓！从"王的征婚"看汉堡王心机

在你心目中，什么样的女人才是"Burger Queen"？是气场强大，还是高冷范儿？2018年3月8日，走进上海汉堡王的女性，都露出了会心一笑——汉堡盒盖上的一面小镜子告诉她们，坐在对面的自己就是汉堡王心中的"Burger Queen"。一个微小的创意感动亿万名女性，这背后，是汉堡王对节日营销以及女性心理的精准洞察。从单纯的优惠促销，到价值观输出，这场三八妇女节公关活动大战，汉堡王可谓赢得相当漂亮。

你觉得自己是"Burger Queen"吗？就在妇女节前，汉堡王随机采访了街头40多位女性，结果让人大跌眼镜。90%的女性觉得自己不是"女王"。因为"气场不够""太胖了""年龄大了""太多愁善感了"……

"全社会都在说女性地位提升了。但事实上，我们一直在给女性贴标签，你是'女神'、她是'女汉子'。甚至很多女性也认同这些观点。我们一直在思索，如何才能让女性真正地认同自己，发现自己的内在价值。汉堡王倡导的品牌精神是'我有我味'，我们希望在3月8日这个节日里向所有女性说：每一个不一样的你就是Burger Queen。"谈起拍摄这条视频的初衷，汉堡王中国首席市场营销官王威如此表示。

在业内，汉堡王一直以"不拘一格"著称。在美国，它与麦当劳的"互黑""对撕"历史，可以追溯到很多年前，每次都能刷出新高度。在人们印象中，汉堡王无论是产品还是整体形象，都倾向于"有料""有种"的硬汉风格。此次大打柔情牌，却让消费者看到了其柔软的一面。

"在新消费时代，如果仅仅以简单的收入、年龄等来划分消费者群体是徒劳的。任何企业都已经做不到对消费者随意控制，正确的做法只能将品牌交给消费者决定。"王威表示："只有当品牌拥有了鲜明的道德、价值观形象，才能吸引相同价值观的消费者群体。"此次"寻找Burger Queen"活动，汉堡王在女性群体中引起了强烈共鸣，堪称一次漂亮的"价值观"输出：它不光产品"有料"、服务细致，更是一个有"温度"的品牌。"通过打动消费者内心，从而引领消费者采取行动，做出购买决定。"而这，也正是汉堡王的"心机"。

资料来源：中青在线：感动女性的Burger Queen揭晓！从"王的征婚"看汉堡王"心机"［EB/OL］. http://news.cyol.com/co/2017-03/08/content_15724082.htm.

二、公共关系策划的程序

公共关系策划包括调查与分析、确定公关目标、选择目标公众、设计公关活动、编制公关预算、公关决策与效果评估等六个步骤。

（一）调查与分析

在开展公共关系策划时，首先应收集相关信息，进行自我形象分析。信息主要有两大类：产品形象信息与企业形象信息。

产品形象信息包括公众特别是用户对于产品价格、质量、功能、用途等方面的反映，对于该产品优点、缺点的评价以及如何改进等方面的建议。

企业形象信息则包括公众对企业组织机构的评价、对企业管理水平的评价、对企业人员素质的评价、对企业服务质量的评价等。

通过对这两类信息的分析，企业可以对自己的公众形象有真实的认知，有利于分析公共关系中的问题，指明公关活动的方向与重点。

（二）确定公关目标

公共关系的总体目标是树立组织的良好形象。它具有四大要素：
(1) 传播信息，这是最基本的公关目标。
(2) 联络感情，这是公关工作的长期目标。
(3) 改变态度，这是公关实践中所追求的主要目标。
(4) 引起行为，这是公共关系的最高目标。

策划了总体目标之后，还要制定具体的、可测量的、定量化的目标。应根据组织的自身性质、所处的特殊环境与面临的实际问题来制定。

（三）选择目标公众

确定与组织有关的公众是公共关系策划的基本任务。一般来说，公关对象策划有以下几个步骤：首先，要鉴别公众的权利要求，公关在本质上是种互利关系。一个成功的策划必须考虑到互利的要求，要做到这一点，就必须明确公众的权利要求。其次，对公众对象的各种权利要求进行概括和分析，先找出各类公众权利要求中的共同点和共性问题，把满足各类公众的共同权利要求作为设计组织总体形象的基础。进行概括和分析时，应注意不要简单地按照公众的规律地位或表面一致性来考察，而应从各种公关的意图、权利要求、观察和行为的一致性等方面来加以考察。企业所面向的公众范围很广，包括消费者、新闻媒体、政府部门、业务伙伴、竞争对手等。策划时应根据本次公关的目标确定目标公众并深入分析其心理。

（四）设计公关活动

设计公关活动是公共关系策划的主体，这一部分的具体内容包括确定公关活动的主题、内容模式、时间与地点等。

1. 主题。

公关主题是对公关活动内容的高度概括,对整个公关活动起着指导作用。公关活动的主题首先必须与公关活动目标相一致;其次必须独特新颖,适应目标公众心理的需要,具有强烈的感召力。

2. 内容形式。

上文已提及公共关系策划中可选择的形式多种多样,企业应根据企业特点、公关目标、公关对象具体确定。

3. 时间与地点。

确定了主题与模式之后应考虑实施的时间与地点,要选择合适的公关时机,制定详细的时间表,此外,还应根据活动的性质与要求选择合适的场所。

(五)编制公关预算

公关预算即活动费用的估算与安排,包括场租费用、招待费用、礼品费用、相关促销配合的费用等。此外,公共关系策划中还会涉及公关活动效果的评估,一般可从以下指标展开评价:

(1)曝光频率,这是衡量公共关系效果最简易的方法。

(2)公众反响,可以通过调查了解公众对产品的知名度、理解度、态度方面的变化。

此外,也可以从销售额、利润的变化来计算公关的投资收益率。

(六)公关决策与效果评估

公关决策就是对公关活动方案进行优化、论证和决断。它是一项公共关系策划活动成功的关键。公关方案的优化过程就是提高方案合理值的过程。方案的优化可以从三个方面去考虑:增强方案的目的性,增加方案的可行性,降低耗费。方案优化方法有重点法、轮变法、反向增益法、优点综合法等。评估内容主要是检查公关目标是否实现,核定计划实施的效益,评估公关活动的效果。通过评估使公关活动呈现出一个完整的过程。

三、公共关系具体活动策划

企业要实现公关目标,就必须掌握各种公关活动方式,通常而言,包括以下几种。

(一)新闻发布会

新闻发布会又称为记者招待会,是企业为公布重大新闻或解释重要方针政策而邀请新闻记者集会,先将信息公告给记者,然后通过记者所属的大众传播媒介告知公众的一种公共关系专题活动。它是企业传播各类信息,吸引新闻界客观报道,处理好媒体关系的重要手段。特别是当企业遇到一些问题需要向社会公众解释时,借助新闻媒介向公众传递真相、澄清事实、引导舆论、树立或维护企业形象，及时召开新闻发布会便是一种有效的形式。

（二）展销会

展销会是一种综合运用各种媒介、手段，推广产品、宣传企业形象和建立良好公关的大型活动。展销会是一种复合性的传播方式，提供了与公众进行直接双向沟通的机会，是一种高度集中和高效率的沟通方式；同时，作为综合性的大型公关专题活动，是新闻报道的好题材。另外，展销会通常带有娱乐性质，可以吸引大量公众。

（三）专题活动

通过举办各种专题活动，扩大企业的影响。这方面活动包括：举办各种庆祝活动、开工典礼、开业典礼等；开展各种竞赛活动，如知识竞赛、劳动竞赛、有奖评优等。

（四）赞助活动

赞助活动是企业无偿地提供资金或物质支持某一项社会事业或社会活动，以获得一定形象传播效益的公共关系专题活动。它是一种信誉投资和感情投资行为，也是一种积极有效的公共关系促销手段。通过参与各种公益活动和社会福利活动，协调企业与社会公众的关系。这方面活动包括：安全生产和环境卫生、防治污染和噪声、赞助社会公益事业、为社会慈善机构募捐等。

（五）对外开放参观

对外开放参观活动是企业为了让公众更好地了解自己，面向社会开放，及时组织和安排广大公众到企业内部来参观、考察，以提高组织的透明度，争取公众了解和支持的重要手段。

（六）危机公关活动

企业面临公共关系危机的原因主要有三种，即自身行为不当、突发事件、失实报道。企业应根据具体情况，分析具体原因及时开展卓有成效的危机公关活动。如属于企业自身原因造成的危机，企业应真诚接受批评，立即采取善后措施，引以为戒；如属于突发事件，则要把真相告知公众，争取谅解与支持，并积极处理突发事件引起的矛盾；如属于失实报道引起的公关危机，则要坚持不失态、不失策、冷静处理的原则，及时消除不利影响，扭转不利舆论状态。在进行危机公关时，要把握5S原则，即承担责任（shoulder the matter）、真诚沟通（sincerity）、速度第一（speed）、系统运行（system）以及权威证实（standard）。

第五节 营业推广策略

一、营业推广概述

营业推广,又称为销售促进(sales promotion,SP),它是企业在一定时期内,采用特殊方式对顾客进行强烈刺激,以激发顾客强烈的购买欲望,促成迅速购买的一种促销方式;在促销活动中,营销推广往往配合广告、公关等促销方式使用,使整个促销活动产生热烈的氛围和强烈的刺激作用。

(一)营业推广的含义

营业推广是指在一个较大的目标市场中,为了在短期内鼓励购买、销售商品和服务而采取的除广告、公关和人员推销之外的所有企业营销活动的总称。营业推广活动的目的是有效地刺激购买者购买,提高销售效率,是一种适宜于短期推销的促销方法。

(二)营业推广的对象

企业的营业推广对象包含消费者、中间商和推销员。推广对象不同,推广策略也不同。一般来说,人员推销、公共关系、广告等促销方式都带有持续性和常规性,而营业推广则常常是上述促销方式的一种辅助手段,用于特定时期、特定商品的销售。

(三)营业推广的特点

营业推广的方式多种多样,有几个明显特点。

1. 见效迅速。

营业推广可根据消费者心理和市场营销环境等因素,采取针对性很强的营业推广方法,向消费者提供特殊的购买机会,具有强烈的吸引力和诱惑力,能够唤起消费者的广泛关注,立即促成购买行为,在较大范围内收到立竿见影的功效。

2. 有一定的局限性和副作用。

营业推广中若显现出卖者急于出售的意图,容易造成消费者的逆反心理。如果使用太多,或使用不当,消费者会怀疑此产品的品质及产品的品牌,或产品的价格是否合理。

3. 直观的表现形式。

许多营业推广工具具有吸引注意力的性质,可以打破消费者购买某一特殊产品的惰性。

4. 活动和政策的短期性。

营业推广活动的开展只在一个特定的时期内进行,不可能长期开展。活动期间采取的优惠促销政策也只能在活动期内有效,活动结束后营销政策就要恢复到正常水平。

如果营业推广经常化、长期化，那就失去了营业推广的意义。

5. 目标明确且容易衡量。

营业推广活动的开展都有一个十分明确的营销目标。促销方案是否有效，关键就看活动结束后促销目标的实现程度。

6. 与沟通群体的互动性。

营业推广活动可以与沟通群体保持良好的互动，可以形成良好的商业氛围和商业关系。营业推广往往需要消费者或中间商积极参与，只有把他们的积极性调动起来，刺激其需求，促进其实现消费，才能达到企业的目的。因此，营业推广方案强调与沟通群体的互动性，形成良好的商业氛围和商业关系。

二、营业推广的具体方法

（一）针对消费者的营业推广类型

1. 赠送样品。

向消费者免费赠送样品，可以鼓励消费者认购，也可以获取消费者对产品的反映。样品赠送，可以有选择地赠送，也可在商店或闹市地区或附在其他商品和广告中无选择地赠送。这是介绍、推销新产品的一种方式，但费用较高，对高价值商品不宜采用。

2. 赠送代金券。

代金券作为对某种商品免付一部分价款的证明，可以邮寄，也可以附在商品或广告之中赠送，还可以对购买商品达到一定数量的顾客赠送。这种形式有利于刺激消费者使用老产品，也可以鼓励消费者认购新产品。

3. 包装兑现。

包装兑现即采用产品包装来兑换现金，例如，收集若干个饮料瓶盖，可兑换一定数量的现金或实物，借此鼓励消费。

4. 廉价包装。

廉价包装又叫作折价包装，即在商品包装上注明折价数额或比例。廉价包装可以是一件商品单装，也可以是若干件商品批量包装，这种形式能够刺激短期销售。

5. 赠品印花。

赠品印花又叫作交易印花。消费者在购买商品的时候获赠印花。当印花积累到一定数量时，可以兑换现金或商品。

6. 产品陈列与示范。

企业在零售店占据有利位置，将本企业的产品进行橱窗陈列。在货架陈列、流动陈列的同时进行现场使用示范，以展示产品的性能与优越性。

7. 有奖销售。

在顾客购买后发给奖券或号码中奖，使顾客在购买时不仅得到产品，而且有额外收获，以此来刺激顾客的购买欲望。

8. 会员销售。

会员销售又称作俱乐部营销，企业以某种利益或服务为主题，将各种消费者组成俱乐部，开展宣传促销活动。会员销售能培养消费者的品牌忠诚度，缩短厂商与消费者之间的距离，加强营销竞争力。

（二）针对中间商的营业推广类型

1. 价格折扣。

为了促进中间商大量进货，生产商经常使用的方法就是价格折扣，包括了两种基本形式：一是给予中间商数量折扣，是指在一定时期进货达到一定数量就可享受价格折扣；二是给予中间商职能折扣，是指当中间商为产品打广告或特意陈列产品，生产商给予一定的费用补偿或给予相应津贴。

2. 产品交易会和订货会。

生产商利用交易会和订货会邀请中间商参会，在会上陈列产品，企业的推销人员介绍产品相关知识，同时进行现场操作演示。推销人员可以直接与客户代表进行洽谈，形成双向沟通，引导客户签订购货合同。

3. 销售激励。

为了激励中间商全力推销商品，完成或超额完成销售任务，在中间商中开展一系列竞赛活动，获胜者可以得到生产商的奖励。竞赛有一系列指标，通常以销售额、销售增长率、货款回笼速度、售后服务质量等一系列指标为标准进行评价，而奖励的形式也是多种多样，有财务支持、福利支持和促销支持等。

4. 扶持零售商。

生产商对零售商专柜的装潢予以资助，提供POP广告等，以强化零售网络，促使销售额增加，可派遣厂方信息员或销售人员进行经营指导。

5. 采购支持。

厂家为了帮助中间商采购，节省采购费用和库存费用而采取的一种销售促进方式。主要有：

（1）网上自动订购系统。厂家向中间商提供订购的各种单据、表格，并通过计算机联网，一旦需要订购，厂家马上给予提供。

（2）库存支持采购。为了在库存和存货管理上支持中间商，厂家负责产品的库存，一旦接到中间商要货通知，立即送货上门。

（3）报销采购费用。厂家对中间商人员到本单位订购提货的差旅费、住宿费等给予报销。

（三）针对推销人员的营业推广类型

1. 销售红利。

为了鼓励推销人员积极报销，企业规定按销售额提成。或按所获利润不同提成。销售人员的报酬与其销售业绩挂钩使其会更主动、积极地工作，销售绩效会不断地体现销售人员的潜力。

2. 推销竞赛。

为了刺激和鼓励推销人员努力推销商品,企业确定一些推销奖励的办法,对成绩优良者给予奖励。奖励可以是现金,也可以是物品或旅游等。

3. 培训机会。

在企业,"学习也是一种奖励",推销人员非常重视培训机会,因此让职员参加不同程度的培训学习,可以证明他受到肯定和重视。推销人员往往为了获得培训的机会而努力地工作,争取更多的销售业绩。

4. 职位提拔。

对业务做得出色的推销人员进行职务提拔,奖励他将好的经验传授给普通推销人员,有利于培养更多优秀的销售员。

三、营业推广策划的程序和内容

营业推广策划是一项系统工程,需要对营业推广的每一环节进行一系列的策划。具体分为确定营业推广目标、选择营业推广工具、制定营业推广方案、实施与控制营业推广、评估营业推广效果五个步骤。

（一）确定营业推广目标

企业首先要确定营业推广所要达到的目标,这一目标应该与企业整体目标相一致。营业推广所达到的具体目标要根据所选定的目标市场对象而定。营业推广的对象分为消费者、中间商和推销人员三类,针对不同对象开展的营业推广活动,其促销目标也存在着差异。

1. 针对消费者的目标。

针对消费者开展的营业推广目标是：

（1）鼓励消费者更多地使用和促使他们大批量地重复购买企业产品,促进产品的销售。

（2）吸引竞争对手的顾客购买和使用本企业的产品,改变其品牌忠诚度。争取未曾使用过本企业产品的顾客试用,使潜在顾客变化成现实顾客,扩大顾客规模。

2. 针对中间商的目标。

针对中间商开展的营业推广目标是：

（1）鼓励中间商经营企业的新产品；鼓励中间商大批量进货并提高产品水平。

（2）鼓励中间商购进并储存非季节性产品。

（3）鼓励中间商协助进行促销活动,抵消竞争者的促销活动的影响,建立和提高中间商的品牌忠诚度。

（4）吸引新的中间商加入企业的销售渠道,建立新的销售网点。

3. 针对推销人员的目标。

针对推销人员营业推广的目标是：

（1）鼓励他们支持一种新产品或新型号,激励他们寻找更多的潜在顾客,不断开拓新市场。

（2）刺激他们努力推销非季节性产品，增加产品销售量。

（3）鼓励他们广泛收集和反馈市场信息；鼓励他们提供更好的顾客服务。

（二）选择营业推广工具

营业推广的工具多种多样，不同的工具适应不同的产品与市场，促销效果也各有差异。一般来说，在选择营业推广工具时企业应考虑营业推广目标、产品特点、市场需求、竞争产品、预算等因素。

（三）制定营业推广方案

企业在进行营业推广时必须有一个科学而又切实可行的方案。企业营业推广方案是企业营业推广活动的具体安排，包括规模与强度、对象、途径、时间及预算等内容：

1. 营业推广规模与强度。

一般而言，营业推广规模越大，对潜在消费者产生的影响面就会越大，强度越高，刺激程度就会越强。但从成本效益的角度看，规模大、程度高，不一定就能达到最佳投入产出，过度的刺激在营业推广的同时会造成企业利润的减少，还可能引起消费者的抵触情绪。

2. 营业推广对象。

目标市场范围内的所有消费者、中间商和全部推销人员也可能是特定的团体或人员。一般来说，企业应该选择那些对营业推广刺激反应最强烈的群体作为营业推广的对象，这样能够有效地促进销售，增强营业推广的效果。

3. 营业推广途径。

营业推广的形式多样，具体的营业推广形式，可以通过不同的途径来实施。但是每一种途径都有其适应性。例如，配合新产品上市的广告，可以用赠送样品的方式，也可以用现场演示的方式，一般不用廉价包装的方式，因为廉价包装更适合于推销老产品。

4. 营业推广时间。

营业推广时间的控制，是营业推广能否取得预期效果的关键因素之一。在何时开始发动推广战役，持续多长时间效果最好等，也是值得研究的主要问题。持续时间过短，由于在这一时间内无法实现重复购买，很多应获取的利益不能实现；持续时间过长，又会引起开支过大和损失刺激购买的力量，并容易使企业产品在顾客心目中降低身价。一般来说，营业推广活动以每季度用三周时间开展为宜，每一次推广的周期应与消费者的平均购买周期相近。

5. 营业推广预算。

制定营业推广预算的方法一般有两种。第一种是根据营业推广的形式计算每个项目的费用，再将他们加总得出总费用。各项费用主要包括管理成本，如印刷费、邮寄费、宣传活动费等；刺激成本主要有赠品或减价等。第二种方法是采用总促销预算比例法，即从总促销预算中拨出一定比例的款项用于营业推广活动。

（四）实施与控制营业推广

营业推广方案制订之后不能停留在方案阶段，而要有条不紊地组织与实施，在实施前有时还要进行测试以防止发生重大失误，在实验可行后方可付诸实施。在实施过程中还要进行必要的控制，发现问题及时解决，不断改进营业推广方案，力求达到最佳效果。

1. 营业推广方案测试。

虽然营业推广方案是在经验的基础上确定的，但仍然需要进行必要的实验来检验推广工具的选择是否适当，刺激程度是否理想，现有的途径是否有效。实验可采取询问消费者、填调研表、在有限的地区内试行方案等方式进行，当实验同预期相近时，便可进入实施阶段。在实施中，要密切注意和测量市场反应，并及时进行必要的推广范围、强度、频度和重点的调整，保持对推广方案实施的良好控制，以顺利实现预期的目标。

2. 营业推广实施。

营业推广方案在经过测试并完善后应按计划组织实施，要对营业推广方案各个环节的工作做出具体安排。

3. 营业推广控制。

在实施过程中，还要加强对各个环节的控制，及时解决实施过程中出现的问题，如果发现重大问题又未能及时发现并矫正，将会出现不良后果。

（五）评估营业推广效果

评估营业推广效果是一项重要而又困难的工作。评估工作事实上在选择推广手段前就已经开始了。如制造商向推广对象的中间商说明将要使用的推广手段，听取他们的意见，通过获得这些人对这些手段的反应来做出某种判断。营销者也可以通过各种方法来了解消费者的意见。

在营业推广方案实施后要对其有效性进行总的评估，有两种方法可以采用，即销售量比较评价法和推广对象调查法。

1. 销售量比较评价法。

销售量比较评价法指从销售量评价营业推广效果，通过对基本推广活动前、中、后的销售量进行比较分析来进行。

2. 推广对象调查法。

通过对推广对象的调查以了解他们对营业推广活动的反映，以此来对营业推广效果进行评价的方法。调查的内容包括：有多少人知道并记得企业的营销推广活动；消费者的看法如何；有多少人在活动期间增加了产品的购买量；有多少新顾客购买了企业的产品；营业推广活动对消费者今后购买行为中的品牌选择有什么影响。

本 章 小 结

促销是市场营销组合的四个策略之一，其执行质量与效果如何，直接影响企业的营销目标能否顺利实现。促销有四种基本方式,包括了广告、公共关系、营业推广(销售促进)以及人员推销。其活动周期短且有弹性,并带有额外的附加价值,并希望消费者或中间商能够迅速做出反应。另外,促销目标、市场特点、产品性质、产品生命周期、促销费用和其他营销因素都会影响促销组合决策。进行促销策划需要确定目标市场、促销目标、促销信息,然后选择促销手段并确定促销预算及总体方案,最后对促销绩效进行评估。

广告策划是以广告活动为总体战略而进行的规划活动。其带有目的性、统一性、灵活性及创造性等原则。进行广告策划时,首先要明确广告目标,然后确定广告预算并选择广告信息。广告信息的传播必须借助广告媒体来表达,在选择广告媒体时要综合考虑多方面的因素,并充分了解主要广告媒体及其特点。广告媒体主要包括了大众广告媒体、小众广告媒体以及新兴广告媒体。在广告策划的最后还需要对广告效果进行评估。

人员推销是最古老的一种促销方式,基本要素包括了推销员、推销产品以及推销对象,基本形式包括了上门推销、柜台推销以及会议推销。不同的推销方式有不同的工作步骤,进行人员推销时要遵循一定的程序和内容,对推销人员素质也有一定的要求。

企业需要利用公共关系正确处理企业和社会公众的关系。公共关系具有目的性、整体性、创新性、可行性以及灵活性。公共关系的策划有着不同的目标、原则、类型、程序、决策以及效果评估。

营业推广在促销中时常配合公关、广告等促销方式使用,以在短时间内刺激消费者进行购买。营业推广针对消费者、中间商和推销人员各自有着不同的类型,进行营业推广策划同样需要遵循一定的程序。

【思考题】

1. 广告、公共关系、营业推广和人员推销这四种促销方式各有哪些优缺点?
2. 广告策划的程序和主要内容有哪些?
3. 公关活动有哪些常见的形式?
4. 简述营业推广策划的程序和内容。

参考文献

[1] 张延斌. 企业营销策划 [M]. 天津：南开大学出版社, 2016.
[2] 叶万春, 叶敏. 企业营销策划 [M]. 4 版. 北京：中国人民大学出版社, 2018.
[3] 余敏, 陈可, 沈译梅. 营销策划 [M]. 北京：北京大学出版社, 2020.
[4] 胡玲. 营销管理与营销策划 [M]. 北京：对外经贸大学出版社, 2017.
[5] 马彦彬, 池灵达, 赖靖靖. 创意与创新 [M]. 北京：科学出版社, 2019.
[6] 汤姆·邓肯, 桑德拉·莫里亚蒂. 品牌至尊利用整合营销创造终极价值 [M]. 廖宜怡, 译. 北京：华夏出版社, 2000.
[7] 唐·舒尔茨, 海蒂·舒尔茨. 整合营销传播：创造企业价值的五大关键步骤 [M]. 王苗, 顾洁, 译. 北京：清华大学出版社, 2013.
[8] 鲍勃·伯格. 关系营销 [M]. 许旭, 译. 北京：中国长安出版社, 2008.
[9] 鲍泓, 谢刚. 网络营销 [M]. 上海：华东师范大学, 2014.
[10] 吴健安, 聂元昆. 市场营销学 [M]. 北京：高等教育出版社, 2017.
[11] 郑长娟. 市场研究 [M]. 北京：经济科学出版社, 2014.
[12] 纳雷希·马尔霍特拉. 营销调研精要 [M]. 北京：中国人民大学出版社, 2015.
[13] 汤姆·布朗, 特雷西·苏特, 小吉尔伯特·邱吉. 营销调研基础 [M]. 8 版. 北京：中国人民大学出版社, 2019.
[14] 郑锐洪. 营销渠道管理 [M]. 北京：机械工业出版社, 2020.
[15] 张闯. 营销渠道管理 [M]. 大连：东北财经大学出版社, 2012.
[16] 李克芳, 范新河. 营销渠道管理 [M]. 武汉：武汉大学出版社, 2017.
[17] 孟韬. 营销策划：方法、技巧与文案 [M]. 北京：机械工业出版社, 2021.
[18] 李文义, 刘进, 张存明. 市场营销策划 [M]. 北京：中国财政经济出版社, 2012.